북핵상식
Q&A

북핵상식 Q&A

초판 인쇄 2019년 4월 25일
초판 발행 2019년 4월 30일

지은이 박휘락
삽화 김성준
펴낸이 이찬규
펴낸곳 북코리아
등록번호 제03-01240호
주소 13209 경기도 성남시 중원구 사기막골로 45번길 14
우림2차 A동 1007호
전화 02-704-7840
팩스 02-704-7848
이메일 sunhaksa@korea.com
홈페이지 www.북코리아.kr
ISBN 978-89-6324-656-7 03340

값 11,000원

북핵상식 Q&A

박휘락 지음

북코리아

목차

제2부 우리는?

제3부 다른 나라는?

제4부 쟁점은?

들어가며

우리는 북한 핵무기를 얼마나 아는가?

1

토인비(Arnold J. Toynbee)는 《역사의 연구》(*A Study of History*)라는 책을 통해 수십 개 문명의 흥망성쇠(興亡盛衰)를 분석한 후 역사는 '도전(challenge)'과 '응전(response)'을 통해 이룩된다고 했다. 도전에 효과적으로 응전해온 국가와 민족은 번영했고, 그렇지 않은 국가나 민족은 멸망하거나 쇠퇴했다는 결론이었다.

북한의 핵무기 개발로 초래된 현 위기는 한민족에게 부과된 다른 어느 위기보다 혹독하다. 어떤 연유로든 핵무기가 한반도에서 사용될 경우 무수한 사상자가 발생함은 물론 전 국토가 초토화(焦土化)될 것이고, 지금까지 이룩해온 발전의 성과는 증발할 것이며, 민족의 영속 자체가 위협받을 수도 있기 때문이다. 한국의 입장에서 보면 현재의 북핵 위기는 더욱 참담할 가능성이 높다. 북한이 핵무기로 위협할 경우 한국은 북한에게 굴복하거나 핵공격을 받을 각오하에 싸우는 방법밖에 없기 때문이다. 너무나 암울하고 직면하기 싫어서 모두가 잊은 채 살고 싶어 하지만, 이 민족사 최대의 도전은 이미 발생한 상태이고, 저절로는 물론이고 애쓴다 해도 쉽게 없어지지 않는다. 이제 한민족 특히 남한의 국민들이 해야 하는 일은 이 도전에 효과적으로 내응하는 것뿐이다.

우리 모두 이성적으로는 북한 핵무기(북핵) 위협의 심각성과 대비의 필수성을 충분히 인식하면서도 감정적으로는 부정하고 싶어 한다. 상황이 너무나 엄중해서 직면하는 것이 두렵고, 마땅한 해결책이 없다는 것을 직감적으로 알고 있기 때문이다. 그래서 대부분의 국민들은 북한이 자신의 체제를 유지하기 위한 수세적 목적으로 핵무기를 개발했고, 한국을 위해 사용하지는 않을 것이며, 대화와 협력을 잘하면 핵무기를 폐기시킬 수도 있다고 생각하고 싶어 한다.

정치인도 예외가 아니어서 북핵을 심각하지 않게 인식하려고 의도적으로 노력하고, 어떻게든 해결될 것이라는 낙관적 사고를 갖고자 하며, 문제의 대두나 해결은 가급적 미루고자 한다. 국민들 역시 위기를 강조하는 사람보다는 낙관적 전망을 피력하는 사람들을 선호하고, 그들의 말에 안도하고자 한다. 북한이 수소폭탄까지 개발하고, 핵무기를 대량생산하고 있으며, '비핵화(denuclearization)'라는 애매한 말로 시간을 벌고 있다는 점을 알면서도 우리 모두는 "괜찮아"라면서 일상을 방해받지 않고자 한다. 우리 모두 "북핵은 없다"라는 최면을 스스로에게 걸고 있다.

최면에 들어가지 못한 일부 국민들일지라도 그 위협이 워낙 무섭기 때문에 쉽게 직면하지 못한다. '폭탄 돌리기' 식으로 가능하면 북핵으로 인한 문제점을 당대에 노출시키지 않고자 노력한다. 공무원들은 자신의 임기 내에 심각한 사태가 야기되지 않는 것이 최선이라는 인식하에 어떻게든 북한과 대화하고 북한을 지원함으로써 현실을 외면하고자 한다. 군의 지휘관들도 북핵에 관한 정치권의 낙관론을 애써 추종하면서 지금까지 해오던 재래식 위협에 대한 대비책을 계속하고자 한다. 국민들도 살아 생전에는 힘든 상황이 도래하지 않기를 바라는 마음으로 정부와 군대의 낙관론에 의존하고자 한다.

모두들 "지금만 아니면 돼!"라는 마음으로 미래의 불행에 대범해지려고 노력하고, 편안한 현재에 만족한다. 위기를 해결하기보다는 다음 사람 또는 다음 세대에게 넘기고자 한다. 그 사이에 북핵이라는 폭탄은 더욱 심각해지고 있고, 급기야 터져서 우리 모두의 생명과 삶을 송두리째 앗아갈 수도 있다.

한국처럼 핵 위협의 가능성을 포함해 심각한 안보불안 상황 속에서 살아오고 있는 이스라엘이 도전에 어떻게 응전해오고 있는지를 비교해보자. 이스라엘은 이라크와 시리아가 핵무기를 개발하려 한다는 정보에 근거해 1981년과 2007년 이라크와 시리아의 핵발전소를 각각 폭격해 파괴시켜버렸다. 당시 이스라엘의 정치가, 군인, 지식인, 국민들은 전 세계의 지탄을 기꺼이 감수한다는 자세를 취했고, 오로지 다음 세대들에게 핵 위협을 물려주기 않기 위해 행동했다.

그러나 한국의 정치인, 군인, 지식인, 국민들은 1994년 미국이 영변의 핵발전소를 제거해주겠다는 것도 결사반대할 정도로 현재의 편안한 삶을 방해받지 않는 데만 초점을 맞추었다. 그러는 사이에 북한은 수소폭탄을 개발하고 말았고, 일부 국민들은 국가의 멸망 가능성까지 걱정하고 있는 상황이다. 늦은 감도 없지 않지만, 조금이라도 조기에 행동하는 만큼 우리 후손들의 부담은 줄어들 것이다. 여전히 현재의 편안함만 탐닉한 채 미래의 위협을 방관하려는가?

2

우리 국민은 6.25전쟁 이후 수십 년 동안 전쟁의 위험 속에서 살아왔다. 그동안 북한은 무수한 도발을 자행했고, 기회만 되면 남침해 이전에 못다 한 무력을 통한 적화통일을 이루고자 했다. 지금 이 순간에도 휴전선을 중심으로 남북한의 대규모 군사력이 일촉즉발의 태세로 대치하고 있다. 그래서 우리들의 대부분은 6.25전쟁의 연장선 상에서만 미래전의 모습을 상상한다.

얼굴을 검게 칠한 채 나무와 풀로 철모와 몸통을 위장한 군인들이 소총을 쏘면서 돌진하고, 탱크가 굉음을 울리면서 고속으로 돌파하며, 포탄이 곳곳에서 폭발하는 전투의 모습이다. 많은 사람들이 다치거나 죽고, 건물들이 처참할 정도로 파괴되며, 피난민이 행렬을 지어서 가는 현장이다. 이러한 전쟁도 당연히 매우 비참하다. 그러나 재건이 불가능한 정도는 아니다. 약 70년 전에 6.25전쟁이 있었지만 한국은 언제 그러한 전쟁이 있었느냐면서 발전을 구가하고 있지 않은가?

불행하게도 우리가 직면해야 할 다음의 전쟁은 복구가 가능한 전쟁이 아닐 수 있다. 민족사를 중단시키는 최후의 전쟁일 가능성이 높다. 대량살상무기(WMD: Weapons of Mass Destruction)라고 불리는 핵무기가 도시에 투하되면서 모든 건물과 사람들을 순식간에 잿더미로 만들고, 생존이 불가능하게 국토를 파괴시켜버리는 전쟁이다. 역사와 문명의 끝일 수도 있는 전쟁이다. 죽는 것보다 사는 것이 더욱 두려운 전쟁일 수도 있다. 우리는 이러한 핵전쟁의 가능성에 직면하고 있다. 편안할 수 있겠는가? 무섭지 않은가?

한국이 바라든 바라지 않든, 인정하든 인정하지 않든 북한은 핵무기를 개발해 보유하게 되었다. 제2차 세계대전 시 일본의 히로시마와 나가사키에 투하된 수준의 핵무기는 물론이고, 그보다 수십 배의 위력을 가진 수소폭탄까지 개발해 보유하고 있다. 2017년부로 시험을 종료하고, 이제는 대량생산 체제에 돌입한 상태이다. 북한이 워낙 통제된 사회라서 누구도 정확한 규모를 파악하고 있지는 않지만, 대체적인 평가는 북한은 수소폭탄을 포함한 수십 개의 핵무기를 보유한 상태이고, 지금도 핵무기 생산을 계속하고 있으며, 머지않아 100개를 초과할 가능성이 높다.

앞으로 북한이 남한에 대해 이러한 핵무기를 사용하겠다고 위협하면 어떻게 할 것인가? 동일한 민족이라서 또는 미국에 의한 대규모 응징보복이 두려워서 사용할 수 없다고 말하고 싶을 것이다.

확신할 수 있고, 책임질 수 있는가?

지금까지 한국은 성과를 확신하지 못한 채 오로지 외교적 접근을 통해 북한의 핵무기 개발을 포기시키고자 노력했다. 모두들 그러한 방법이 최선이고, 그렇게 하면 성공할 수도 있다고 믿고 싶어 했다. 집단적 최면을 공모(共謀)한 셈이다. 그러나 한국 국민들이 최면상태에 있을 때도 북한의 집요한 핵무기 개발 노력은 지속되었고, 최면에서 깰 때마다 섬뜩할 정도로 강화된 북한의 핵능력에 직면해야 했다. 아직도 상당수의 국민들은 최면에 남아있고 싶어 하지만, 현실이 워낙 심각해 최면상태라도 편안하기가 어렵다. 결국 상당수 국민들은 최면에서 깨어나기를 거부하면서 대화와 협상을 통한 북한의 비핵화라는 진통제에 의존하고자 하는 것이다.

한국 정부는 2018년 4월 27일 판문점에서 남북 정상회담을 가진 후 "북한의 완전한 비핵화"에 합의했다고 발표했다. 이후에 남북 및 미북 정상회담을 비롯하여 다양한 북핵 폐기 협상이 진행되었고, 그때마다 국민들은 상당한 기대와 희망으로 지켜보았다. 그러나 시간이 지날수록 북한의 핵폐기 의지는 불확실해졌고, 급기야 2019년 2월 27~28일 가진 베트남 하노이에서의 미북 정상회담이 결렬됨으로써 북한의 비핵화 의지 자체가 부정되고 있다.

북한은 플루토늄 핵무기 생산을 위해 필요했던 영변 핵시설의 폐기만을 조건으로 미국의 경제제재 완화를 요구했고, 미국은 핵무기는 물론이고 생화학무기의 폐기까지 요구함으로써 협상은 결렬되고 말았다. 결국 북한은 그동안 핵무기를 폐기할 수도 있다는 애매한 제스처로 한국, 미국, 그리고 세계를 속이고자 했고, 다행히 그 속임수가 드러난 셈이다.

이제 우리는 북한의 핵무기 보유 의지가 매우 강하다는 것을 인식했다. 당분간은 우리가 가장 두려워하는 일, 즉 북한의 핵무기를 '머리에 이고' 살아가는 수밖에 없는 상황이다. 대화와 협력을 통한 북핵 폐기라는 진통제는 근본 치료가 되지 못하는 것은 물론이고 이제는 효력도 끝나가고 있다. 비록 힘들고, 확실한 해결책이 없을 수도 있지만, 우리는 심각한 북핵 위협이라는 현실을 직시하지 않을 수 없다. 고통스럽지만 조금이라도 빨리 현실을 직시할수록 해결책을 찾을 수 있는 확률은 높아질 것이다.

3

상당수의 국민들은 북한이 핵무기를 사용하는 일은 없을 것이라고 생각하고 있을 뿐만 아니라 어떤 사람들은 공개적으로 그렇게 주장하기도 한다. 북한은 그들 주도의 한반도 통일과 같은 공격적인 목표가 아니라 체제의 안전이나 생존과 같은 방어적인 목적으로 핵무기를 개발했고, 핵무기를 사용하는 순간 그들도 멸망할 것이라는 것을 잘 알고 있다는 것이다. 미국의 응징보복을 두려워할 수밖에 없다고 주장하고, 동일민족에게 어떻게 핵무기를 사용하겠느냐고 반문한다.

워낙 자료를 공개하지 않기 때문에 북한에 관한 대부분의 사항은 추측에 의존할 수밖에 없어 위 말도 틀렸다고 말할 수는 없지만, 공개되어있는 북한의 노동당 규약이나 북한이 지금까지 추진해온 바를 보면 위 말은 맞지 않다. 북한은 그들 주도의 전 한반도 통일, 즉 '인민민주주의'의 전 한반도 확산을 위해 1950년에 6.25전쟁을 일으켰고, 그 이후에 그 목표를 바꾼 적이 없다.

북한은 1990년대에 체제가 불안해진 이후 핵무기 개발에 착수한 것이 아니라 6.25전쟁 직후부터 핵무기 개발에 착수했다. 또한 국가안보는 너무나 중요해 한 치의 허술함도 허용되어서는 안 된다는 차원에서 보면, 위와 같은 주장은 너무나 무책임하다. 그들의 말이 틀리면 어떻게 하겠는가? 책임질 수 있는가? 본인이 목숨을 내놓는다고 해서 책임이 없어지는가? 책임을 지고자 한다면 핵무기 공격을 하기 전의 상태로 되돌릴 수 있는 신통력이 있어야 할 것인데, 그러한 능력을 보유하고 있는가? 본인은 미안하다고 말하면 끝이지만, 나라는 어떻게 되는가?

북한이 핵무기를 보유한 상태에서 어떤 연유로 남북관계가 악화되었다고 하자. 악화된 상황이 제대로 해결되지 않은 채 점점 극단화되었고, 결국 북한이 핵무기 사용까지 위협하는 상황에 이르렀다고 하자. 그렇게 상황이 극단적으로 악화되었음에도 북한의 지도자가 민족의 공멸은 곤란하다면서 핵무기 사용을 자제할 수 있다. 북한의 지도자가 양보해 한국이 요구하는 대로 남북한의 문제가 타결되면서 상황이 안정될 수도 있다. 그러나 그것은 일회성일 뿐이다.

그다음에 또 유사하게 남북관계가 극단적으로 악화되고, 또 북한의 지도자가 핵무기 사용을 자제하면서 양보할 수 있다. 그다음에도 그다음에도 계속 그렇게 할 것으로 확신할 수 있는가? 북한의 지도자가 아홉 번을 자제하다가 한 번이라도 자제하지 못하면 북한의 핵무기는 발사되고, 이로써 한민족은 공멸하게 된다. 대비하지 않아도 되겠는가?

상당수의 국민들은 북한의 의도(intention)를 추리해 북한의 향후 행동방향을 예측하고자 한다. 그러나 상대방의 진정한 의도를 정확하게 파악한다는 것부터 현실적이지 않을 뿐만 아니라 의도는 언제든지 변화한다. 과일을 깎기 위한 의도로 구입한 칼이 폭력에도 사용되는 것 아닌가? 명절날 친척들과 우애를 돈독하게 하려다가 불상사가 발생하는 것 아닌가?

그래서 군에서는 상대방의 의도가 아니라 상대방이 보유하고 있는 능력(capabilities)을 기준으로 대비 여부와 강도를 결정해야 한다고 가르친다. 겉으로 표출하는 의도와 상관없이 상대방이 도하장비를 갖고 있으면 도하에 대비해야 하고, 특수전 부대를 보유하고 있으면 후방지역 침투에 대비한다. 상대방이 칼을 갖고 있으면 칼싸움으로 상황이 악화될 가능성까지 고려해 싸움을 준비해야 한다. 특히 책임 있는 자리에서는 더더욱 상대방의 능력을 기준으로 대비 여부와 그 강도를 결정해야 한다. 국가의 안보는 도박할 수 없기 때문이다.

우리 모두 다양한 보험 상품을 구매하고 있지만, 그 근본 동기는 사고가 일어날 것이 확실해서가 아니라 사고가 발생할 경우 피해가 엄청나서 감당할 수 없다는 판단이다. 일어날 가능성은 높지만 그 영향은 크지 않는 경우가 아니라, 일어날 가능성은 낮지만 그 영향이 심각할 때 보험 상품을 계약한다. 감기에 대해 보험을 드는 것이 아니라 암에 대해 보험을 든다. 핵전쟁은 일어날 가능성은 낮지만 발생하면 민족의 존망을 좌우할 수 있다. 보험의 경우처럼 당연히 후자에 대해 철저하게 대비해야 한다.

4

우리 민족의 최근 역사를 되돌아보면서 암담한 마음을 갖지 않을 수 없다. 고려 중기까지는 모르겠으나 그 이후에는 국가에 도래한 도전 또는 위기를 사전에 예방 또는 대비하지도 않았고, 제대로 응전하지도 못했기 때문이다.

예를 들면, 일본의 침략 가능성이 오래전부터 경고되었음에도 우리의 선조들은 1592년의 임진왜란을 예방하거나 제대로 대응하지 못했다. 임진왜란 이후에도 외침에 제대로 대비하지 못해 30년 후인 1627년의 정묘호란에서도 속절없이 패배했고, 이러한 패배에도 불구하고 제대로 대비하지 않아 겨우 9년 뒤인 1636년의 병자호란을 초래하고, 중국의 속국이 되면서 임금이 삼배구고두(三拜九叩頭)의 치욕을 감수해야 했다. 1910년의 한일합방, 1950년의 6.25전쟁에서도 마찬가지였다. 그렇다면 현재의 북핵 위기도 위 역사와 유사하게 귀결될 가능성이 높다고 봐야 하는 것 아닌가?

국가의 위기를 제대로 예방 또는 대비하지 못했던 과거 역사와 유사한 징조가 이미 상당할 정도로 나타나고 있다. 북한의 핵무기가 우리 국가의 생존을 좌우하는 치명적인 위협이라고 생각하는 사람들은 점점 배척되고, 낙관적인 견해를 펴는 사람들의 활동공간이 증대되고 있다. 국민들도 전자를 불편하게 생각하고, 후자에 동조하고 싶어 한다. 정부가 요구하지 않으니 군대도 북핵에 대해서는 별로 대비하지 않는다.

남북한의 국방 수뇌가 2018년 9월 19일 평양에서 맺은 '군사분야 합의'에서 볼 수 있듯이 정부의 지침에 수명한다는 핑계하에 한국군은 북한의 기습공격 가능성을 높여줄 조치를 별 이의 없이 수용한 후, 확실한 보완책도 없이 시행하고 있고, 그렇게 해도 안전하다고 강변하기까지 한다. 국민 역시 북한의 핵무기가 폐기되는 것으로 믿고 싶어 하고, 전쟁대비나 군사력 증강보다는 군대 감축, 복무기간 단축, 장병 생활의 편의성 증대 등을 요구한다. 역사가 반복되고 있지 않은가?

더욱 문제가 되는 것은 안보에 관한 우리 국가와 국민의 자주의식과 자결권이다. 북핵 위협은 한국에 가장 심각한 위협이고, 따라서 우리가 해결의 전면에 나서야 한다. 그러나 현재 북핵의 해결은 미국에 넘겨진 상태이다.

2018년 6월 12일 싱가포르에서 미국의 트럼프(Donald J. Trump) 대통령과 북한의 김정은 국무위원장이 회담을 할 때 한국의 입장은 크게 반영되지 않았고, 트럼프 대통령은 한미연합훈련의 중단을 일방적으로 선언했다. 2019년 2월 27일과 28일에 베트남 하노이에서 두 사람이 또다시 만나서 북핵 폐기 문제를 논의했을 때도 한국은 없었고, 한국의 입장은 전혀 반영되지 못했다. 한국 정부는 일반 언론을 통해 협상의 시작, 진행, 결렬에 관한 소식을 들어야 했다.

우리 정부는 북한이 어떤 제안을 하려는지, 미국이 어떤 조치로 부응해주려는지 일반 국민들과 똑같이 추측에 의존할 뿐이었다. 북핵 위협으로부터 국가와 국민을 보호하기 위한 자체적인 대응책에는 그다지 고민하지 않은 채 미국과 북한의 회담결과만을 주시하고, 미국과 북한의 타협만을 촉구하고 있다. 겉으로는 자주를 강조하는 정부일수록 실제로는 더욱 핵에 대한 스스로의 대응보다는 미국을 비롯한 외국의 해결에 의존하는 모습을 보인다.

핵 위협이 워낙 심각하고 한국 스스로 대응할 수 있을 것도 같지 않아서 직면하지 않으려는 심정은 충분히 이해된다. 상당수의 국민들은 물론이고, 대부분의 정치가, 군인, 지식인들도 북한 핵무기 보유의 심각성과 그것이 사용될 가능성을 제대로 인식하지 못하는 척하거나 어떻게 되겠지 하면서 회피하는 것이 현실이다. 과거의 역사에서도 그러했다.

그러나 회피한다고 해서 북핵 위협이 사라질 수는 없다. 비록 어렵지만 문제를 직시한 상태에서 우리 스스로의 힘으로 해결하고자 노력해야 해결책이 찾아진다. 외국의 힘을 빌리더라도 우리 스스로의 전략과 계획이 바탕이 되어야 한다. 기도하는 심정으로 미국과 북한이 우리에게 유리한 결과를 도출해주도록 지켜보는 것은 분명히 자주적인 태도가 아니다.

국가의 안전을 확보하는 것만 생각한다면 강대국의 일부가 되는 것도 하나의 방편일 수 있다. 그러나 그것은 '우리'라는 고유성을 포기하는 일로서 선택할 수 없다. 그렇기 때문에 우리 선조들은 수천 년 동안 자주독립을 위해 주변국의 침략에 저항했고 우리의 정체성을 수호하기 위해 피를 흘린 것이다. 지금까지의 역사를 통해 배워야 할 교훈이 있다면, 과거와 달라지기 위한 의도적 노력을 경주하지 않을 경우 우리 민족은 위협 회피, 대비 태만, 위기 유도, 전쟁 패배의 과정을 따라가게 된다는 사실이다. 현 세대의 분발이 무엇보다 요구되는 상황이다.

5

본서는 국민들에게 북핵 위협이 우리에게 제시하는 도전과 그에 응전하는 방향을 간단하면서도 일목요연하게 설명해 이해시키고 싶은 마음에서 시작되었다. 국민들이 현실을 직시하는 것이 모든 해결책의 출발점이라고 생각하기 때문이다. 2018년에 출간한《북핵 억제와 방어》가 지나치게 이론적이라서 일반 국민들에게는 맞지 않다고 판단해 더욱 효과적인 북핵 관련 상식서를 발간해야겠다고 생각하기도 했다.

그래서 누구든 쉽게 읽을 수 있도록 두껍지 않게 양을 줄였고, 문답식으로 서술했으며, 각 질문별 답도 길지 않게 작성했다. 또한 각 질문의 답을 시작하면서 첫 부분에 핵심사항을 기술해 요점을 쉽게 파악할 수 있도록 했다. 그리고 질문별로 삽화를 추가해, 하나의 이미지로 핵심내용을 기억하도록 배려했다. 삽화는 익숙한 속담이나 일상생활과의 비유를 활용해 설명의 본질을 쉬우면서도 함축적으로 이해하도록 그렸다.

본서는 총 4부로 구성했다. 제1부는 북한, 제2부는 우리, 제3부는 다른 나라, 그리고 제4부는 북핵과 관련한 몇 가지 쟁점사항을 설명했다. 제1부에서는 10개 질문, 제2부에서는 7개 질문, 제3부에서도 7개 질문, 그리고 제4부에서는 9개 질문을 선정했다. 질문의 숫자를 맞추거나 조정하기 위한 노력은 전혀 없었고, 필자가 기술하다 보니 나온 숫자일 뿐이다. 결과적으로 총 33개 질문을 필자가 선정해 답변하는 모습이 되었다.

본서는 북핵에 관한 사항이라서 아무리 노력해도 통속소설처럼 쉽게 읽힐 수는 없을 것이다. 지나치게 함축적으로 기술함에 따라서 일반 국민들의 입장에서 처음에는 오히려 어렵게 느껴질 수도 있다. 북핵에 관한 전문적인 개념이나 용어가 적지 않고, 그에 대한 세부설명이 제한적일 것이기 때문이다.

정확하게 기술해야 하는 주제라서 전문적인 개념과 용어를 동원하지 않을 수 없고, 축약하려니 설명이 짧아질 수밖에 없었다. 전문적인 논문과 책자를 써온 습관에서 벗어나지 못하는 개인적 한계도 있다고 봐야 할 것이다. 읽기가 어렵다고 느끼시는 분은 처음에는 다소 인내하면서 천천히 읽어나가시기를 부탁드리고 싶다. 다만, 조금만 참으면서 계속 읽어나가면 읽는 속도도 금방 빨라지고, 이해의 정도도 좋아질 것이라고 말씀드리고 싶다.

국민들에게는 북핵과 그 대응에 관한 광범위한 상식도 필요하지만 최악의 상황으로 북핵이 폭발했을 경우 스스로와 가족의 생존을 보장하는 데 필요한 상식도 필요할 것이다. 앞에서 누누이 강조한 바와 같이 국방이나 안전에 관해서는 언제든지 최악의 상황까지 대비해두어야 하는 것이기 때문이다. 실제로 상당수의 지인들이 핵폭발 시 생존방법을 문의해오기도 했다. 따라서 필자는 냉전시대에 미국에서 논의되었던 내용을 참고해 2016년에 『핵전쟁에서도 살아야 한다: 생존상식 10단계』라는 제목의 소책자를 발간한 적도 있고, 그 파일을 인터넷으로 공개하기도 했다. 또한 그 내용을 이해하기 더욱 쉽도록 재정리하고, 그림도 추가할 필요가 있다는 의견이 있어서 보강한 후 1년여 전에 발간을 준비했었다.

그러나 북한의 핵무기 폐기를 위한 남북 그리고 미북 간의 협상이 전개됨에 따라 국민들에게 괜한 불안감을 조성할 것이 우려되었고, 따라서 스스로 발간을 유예했다. 그러나 2019년 2월의 하노이 회담에서 북한이 핵무기를 폐기할 의사가 전혀 없다는 것이 드러남에 따라 이 부분도 본서와 함께 발간하는 것이 바람직하고, 그러할 때 북핵에 관한 상식이 완성될 수 있다고 판단했다.

그래서 본서의 부록으로 함께 발간하는 것도 고려했으나 본서에서 강조하려는 논점이 흐려질 수 있다고 판단해 『북핵 생존 상식』이라는 제목으로 별도의 전자북을 동시에 출판하고자 한다. 본서를 통해 북핵에 관한 전반적인 상황을 이해하셨다면 핵전쟁에서의 생존에 관한 위 지침서까지 읽음으로써 진정한 유비무환(有備無患)의 태세를 갖추기를 부탁드린다.

북한은?

1
북한은 여전히 북한식 한반도 통일을 추구하고 있는가?

남북한은 기본적으로 체제경쟁, 제로섬 게임

북한은 노동당 규약에 '전 한반도 공산화' 목적 명시하고 있고, 지금까지 불변

6.25전쟁을 비롯해 무수한 대남 도발 자행, 현재는 휴전상태

핵무기 개발 성공으로 공세적 목표 더욱 고수 및 강화할 가능성

북한은 평화적 대안을 선택하기 어려울 정도로 정치, 경제, 사회 문제 심각

상당수 국민들은 잊고 싶어 하지만 한반도에서는 '자유민주주의'와 '인민민주주의'라는 상충된 이념을 가진 남한과 북한 간의 체제경쟁이 벌어져 왔고, 지금도 지속되고 있다. 한국이 자유민주주의를 포기 못할 것이고, 따라서 북한이 인민민주주의를 포기하지 않는다면, 남북한은 대결관계로 지낼 수밖에 없다. 당분간 남북관계는 제로섬(zero-sum) 게임의 성격을 지닐 수밖에 없다.

북한은 다른 어느 사회보다 이념과 체제에 대한 집착이 강하다. 소련을 통해 확산된 공산주의 이념에 근거해 창설되었고, 3대에 걸친 김씨 일가의 세습이 지속되면서 이념과 체제를 시대 상황에 맞게 재검토하거나 수정할 기회를 전혀 갖지 못했기 때문이다. 세계적으로는 '공산주의'라는 말이 생소해질 정도로 이념으로서의 문제점과 비현실성이 충분히 입증되었지만 아직도 북한은 냉전시대의 공산주의를 그대로 유지하고 있다. 그 결과 북한은 세계에서 가장 고립된 국가가 되었고, 그러한 고립이 북한으로 하여금 더욱 이념에 집착하게 만들고 있다.

북한은 아직도 그들 식의 이념 — 과거에는 공산주의로 불렀고, 북한식 사회주의라고도 할 수 있으며, 북한식으로는 주체사상이다 — 을 남한으로 확산하려는 목표를 포기하지 않고 있다. 북한은 2010년 개정된 노동당 규약 서문에서도 "조선노동당의 당면목적은 공화국 북반부에서 사회주의 강성대국을 건설하며, 전국적 범위에서 민족해방 인민민주주의 혁명과업을 실천하는 것"이라고 명시하고 있다. 여기에서 말하는 "전국적 범위에서 민족해방 인민민주주의 혁명과업"이 냉전식 용어로는 '전 한반도의 공산화'이고, 북한 인민민주주의에 의한 통일인 것이다. 특히 북한은 '당 = 국가 = 군대'라고 평가할 수 있을 정도로 이념 확산의 수단으로서 무력의 중요성을 깊게 인식하고 있다.

겉으로 북한은 '연방제 통일'을 주장하지만, 그것은 그들 식의 통일을 위한 중간단계 또는 남한 국민들의 경계심을 이완시키기 위

한 명분이고, 평화적 방법이 듣지 않으면 언제든지 비평화적 방법을 사용한다는 입장이다. 실제로 북한은 1950년 6.25전쟁을 통해 무력통일을 시도했고, 이로 인해 우리 민족은 엄청난 시련을 겪었다. 휴전 이후 최근까지도 북한은 남한에 대해 무수한 무력도발을 감행하면서 70% 이상의 전력을 전방지역에 배치해 기습공격의 기회를 호시탐탐 노려왔다.

예를 들면, 1968년 10월 30일부터 11월 2일까지 세 차례에 걸쳐 북한의 무장 공비 120명이 울진 · 삼척 지구에 침투해 수십 명의 양민을 학살했고, 1983년 10월 9일에는 미얀마를 방문한 전두환 당시 대통령을 암살하기 위해 아웅산 국립묘지에서 폭발물을 터트려 한국의 장관 등 수십 명을 사망하게 만들었으며, 1987년 11월 29일에는 대한항공의 민간 여객기를 폭파시켜 115명 전원을 살해했다. 북한은 2016년 11월 30일까지 침투 1,977건, 국지도발 1,117건으로 총 3,094건의 도발을 자행했고, 이제는 핵무기까지 개발해 남한과 미국을 위협하고 있다.

일부에서는 극심한 경제난과 국제적 고립 등으로 인해 북한은 그들 체제의 유지에 급급하다고 주장한다. 그러나 1990년대부터 북한의 붕괴가 임박하다고 했지만 지금까지 건재할 뿐만 아니라 김정은의 등장과 핵무기 개발로 더욱 공고해지고 있다. 북한사회가 가난하거나 고립될수록 김씨 일가나 노동당에 의한 일사불란한 통제가 더욱 용이할 수도 있다. 온갖 간난신고(艱難辛苦)를 겪긴 했지만 이제 핵무기를 개발했기 때문에 그들 주도의 통일이 가까워졌다고 판단하고 있을 가능성이 크다.

북한과 관련해 더욱 심각한 것은 그들 주도의 통일로 남한을 흡수하는 방법 이외에 현 체제를 영속시킬 마땅한 방법이 없다는 사실이다. 경제를 발전시키려면 자본주의 시장경제로 개혁해야 하는데, 그렇게 되면 체제의 붕괴까지 각오해야 하고, 남한과의 교류와 협력을 통해 지원을 획득하는 것도 민주의식의 주민 확산을 초래해 체제를 위태롭게 만들 수 있다. 북한으로서는 핵무기를 포함한 군사력을 활용해 황금알을 낳는 거위인 남한을 흡수하는 방법밖에 없다고 판단할 것이고, 이것이 남북한의 진정한 화해협력, 평화통일을 어렵게 만들고 있는 근본적인 요인이다.

2
북한은 왜 핵무기를 개발했을까?

6.25전쟁 직후부터 핵무기 개발에 관심, 최초에는 방어적 목적일 가능성

1980년대에 핵무기 개발 기초 완성,
1990년대와 2000년대는 외교적 속임수로 핵무기 개발 시간 획득

핵무기 개발 성공이 가시화되자 공세적 목적으로 전환:
남한 굴복, 주한미군 철수와 한미동맹 철폐를 위한 최선의 수단으로 인식 및 활용

체제유지를 위한 북한의 핵보유라는 판단은 남한식 사고에 의한
일부 한국 학자들의 근거 없는 추정

북한은 6.25전쟁 직후부터 핵무기 개발에 관심을 갖기 시작했는데, 당시에는 미국의 위협으로부터 자신을 지켜야겠다는 방어적인 목적이 컸을 수 있다. 6.25전쟁 때 맥아더(Douglas MacArthur) 유엔군사령관은 중공군을 차단하기 위해 만주를 원자탄으로 공격할 것을 건의하기도 했다. 그래서 북한은 1955년 4월 원자 및 핵물리학 연구소를 설치하기로 결정했고, 소련에서 개최된 "원자력의 평화적 이용에 관한 학술회의"에 과학자들을 파견했으며, 1956년 소련과 핵기술 협

력을 위한 협정을 체결했고, 이후 매년 수십 명의 과학자들을 소련의 핵 연구소에 연수를 보내었다.

중 · 소분쟁으로 북한의 독자방어 필요성이 증대되자 북한의 핵무기 개발 의욕은 강해졌을 것이다. 북한은 1961년에서 1967년까지 약 3천여 명의 과학자를 소련에 파견했고, 1962년 IRT-2000 연구용 원자로를 착공한 후 1965년 완공해 1967년부터 본격적으로 가동하기 시작했다. 1970년에는 자체 전문인력 양성을 위해 김일성종합대학에 핵물리학과, 김책공업대학에는 원자로 공학과를 설치했고, 1976년에는 동위원소생산 연구실을 설치했다. 1978년부터 자체 탐사를 통해 북한에 다량의 우라늄이 매장되어있는 것을 확인하기도 했다.

1980년 영변에 5MWe 원자로 건설을 시작함으로써 북한은 핵무기 개발을 실제로 추진하기 시작했고, 1987년에 이 원자로를 가동하면서 더욱 대용량의 원자로를 착공하기도 했다. 파키스탄의 핵무기 개발에 주도적인 역할을 한 칸(AQ Khan) 박사와 접촉한 것도 이 시기이다. 1990년대에 북한의 핵무기 개발 의도가 외부에 알려졌지만, 핵확산금지조약(NPT) 탈퇴, 미북회담, 6자회담 등 온갖 외교적 술책을 동원해 시간을 벌었고, 그것이 성공해 2006년 제1차 핵실험, 2009년 제2차 핵실험, 그리고 2013년 제3차 핵실험을 통해 핵무기 개발에 성공하게 되었다.

처음에는 방어적 동기에서 출발했다고 하더라도 핵무기 개발에 가까워져 가면서 북한은 공세적인 목적을 추가했을 가능성이 높

다. 핵무기는 그들 주도의 한반도 통일에 가장 이상적인 수단일 수 있기 때문이다. 핵무기를 보유하면 남북한의 군사력 균형을 결정적으로 유리하게 만들어 남한을 굴복시킬 수 있고, 미국을 위협해 한국에서 철수하도록 만들 수 있다. 북한의 수소폭탄과 대륙간탄도탄(ICBM)은 누가 봐도 방어적 목적을 초과한 것으로서, 미국을 위협해 한반도에서 철수시킨 후 남한을 통일시키겠다는 의도로 해석할 수밖에 없다. 김정은은 2016년 5월 제7차 당대회 사업총화보고를 통해 핵무장을 바탕으로 미국과의 평화협정을 체결해 미군을 철수시키고, 연방제 통일을 구현해야 한다는 점을 강조한 바 있다.

한국에서는 북한이 체제유지를 위해 핵무기를 개발했다는 의견이 지배적일 정도로 많다. 그래서 현 정부는 북한의 체제만 보장해주면 핵무기를 포기시킬 수 있다면서 외교적 비핵화에 매진하고 있다. 그러나 북한의 핵무기 개발 목적을 체제유지라는 수세적 목적으로 판단하는 것은 핵무기와 1994년 김일성 사망 이후 제기된 북한의 붕괴설을 합성한 내용으로서 근거 있는 분석이 아니다. 북한은 1994년보다 훨씬 이전부터 핵무기 개발을 시작했고, 스스로는 체제가 불안하다고 생각하지 않으며, 체제유지를 위한 목적이라면 몇 개의 원자폭탄을 개발하는 데 그쳤을 것이다. 북한 스스로도 미국의 적대시 정책 때문에 핵무기를 만들었다고 주장하지, 체제유지라는 말은 사용하지 않고 있다.

어떤 동기로 시작했든 이제 북한은 상당한 핵능력을 구비하게 되었고, 당연히 그들 주도의 한반도 통일을 위해 활용할 것이다. 2019년 김정은의 신년사에서는 그들의 핵보유를 당연시하면서 "새로운 길을 모색하지 않을 수 없다"고 미국을 협박하고 있을 뿐만 아니라 "서로에게 유익한 종착점"을 제안해 어떤 흥정을 요구하고 있다. 2019년 2월 27~28일의 미북 정상회담에서 미국이 아무리 경제적 번영으로 유도해도 북한은 영변 핵시설의 폐기 이외에는 기존에 개발한 핵무기나 미사일 능력의 포기는 아예 생각조차 않고 있었다. 북한의 핵무기 개발은 남북한 전략균형을 송두리째 전환시키고 있고, 그 사실은 일부 대한민국 국민만 모르고 있을 수 있다.

3
북한의 핵능력은 어느 정도인가?

 # 지금까지 6차례의 실험을 통해 핵무기는 물론, 수소폭탄의 개발에도 성공, 수십 개의 핵무기를 보유한 상태에서 지속적으로 생산

 # 개발된 핵무기를 미사일에 탑재해 한국과 일본 전역, 미국의 알래스카와 하와이를 공격할 수 있고, 미 본토의 도시도 공격 가능한 잠재력 과시

 # 미국, 러시아, 중국, 영국, 프랑스의 5개 공인 핵보유국 이외에 가장 복합적인 핵능력 보유

북한은 외부세계로부터 국가를 철저하게 폐쇄하고 있기 때문에 북핵에 대한 정보 수집은 쉽지 않아서 지금까지 북한이 실시한 핵실험과 북한의 발표 내용을 종합해 개략적인 능력을 추정할 수밖에 없다. 북한은 2006년 10월 9일 제1차 핵실험, 2009년 5월 25일 제2차 핵실험을 실시했는데, 이때는 요구되는 위력을 산출하지 못했다. 그러다가 2013년 2월 12일 제3차 핵실험을 통해 6~7kt TNT의 위력을 과시함으로써 핵무기 개발에 성공한 것으로 평가되었다. 북한은

"소형화 · 경량화된 원자탄을 사용했고… 다종화(多種化)된 핵 억제력의 우수한 성능이 물리적으로 과시됐다"고 발표했다.
북한은 2016년 1월 6일 제4차 핵실험에서 수소폭탄(증폭핵분열탄으로 추정) 개발, 2016년 9월 9일 제5차 핵실험에서 핵무기의 표준화 · 규격화에 성공했다고 발표했고, 2017년 9월 3일 제6차 핵실험을 통해 진정한 수소폭탄의 개발 성공을 천명했다. 수소폭탄 실험의 경우 대부분의 국가와 전문가들은 120~250kt TNT 위력이라면서 성공을 인정하고 있다.

북한의 핵무기 보유량을 판단하는 것은 더욱 어렵지만, 2017년 9월 미국의 북핵 추적단체인 '38 North'에서 20~25개로, 2018년 6월 소련의 전문가가 30~35개로, 그리고 2018년 10월 한국의 통일부장관이 20~60개로 평가한 적이 있다. 2019년 2월 스웨덴의 '스톡홀름 국제평화연구소(SIPRI)'에서는 20~30개, 영국의 '국제전략문제연구소(IISS)'에서는 20~60개의 핵무기를 보유하고 있는 것으로 평가했다. 북한은 천연 우라늄 부존량이 많고, 무기급 우라늄으로 농축하기 위한 대소의 시설을 가동시키고 있어서 10개 정도의 핵무기를 매년 생산할 수 있고, 따라서 머지않아 북한이 100개 이상의 핵무기를 보유할 가능성은 낮지 않다.

또한 북한은 핵무기 운반에 필요한 다양한 미사일을 보유하고 있는바, 스커드-B, C 200~600기, 노동 미사일 90~200기를 배치하고 있고, 이것들은 모두 핵무기 투발에 활용할 수 있다. 북한이 2017년 5월 21일 시험 발사한 '북극성-2형'은 고체연료를 사용해 5분 이

내에 발사가 가능하고, 따라서 한국에 대응시간 자체를 부여하지 않을 수 있다. 북한은 2017년 2월 8일 군사 퍼레이드에서 또 다른 고체연료용 단거리 탄도미사일을 과시한 적도 있다.

나아가 북한은 미국의 본토를 공격하기 위한 ICBM 개발에 진력하고 있다. 미국의 본토를 타격하겠다고 위협할 수만 있으면 미국을 한반도에서 철수시키거나 북한이 남한을 공격할 때 미국이 지원하지 못하도록 강요할 수 있기 때문이다. 북한은 2017년 '화성-12형'과 '화성-14형'을 수차례 시험 발사했고, 2017년 11월 29일 '화성-15형'을 부양(浮揚) 궤도(lofted trajectory)로 높게 발사해 고도 4,475km, 비행거리 950km에 이르렀는데, 이것을 최소에너지 궤도(minimum trajectory)로 발사해 최대사거리로 비행시킬 경우 워싱턴을 비롯한 미 전역을 타격할 수 있다.

2018년 2월 미 국방부는 "핵태세 검토보고서(NPR)"에서 북한이 ICBM의 완성에 "수개월만 남겨둔" 수준이라고 평가했다. 최근에는 시험발사를 하지 않고 있지만 북한은 보복의 확실성이 큰 잠수함 발사탄도탄(SLBM)의 개발에도 노력하고 있어 잠수함을 통한 핵공격 위협도 배제할 수 없다. '화성-15형' 성공 이후 북한은 스스로 "국가 핵무력 완성"을 선언한 상태이다.

북한의 현 핵능력을 종합하면 북한은 한국의 모든 국토를 언제든지 수소폭탄을 비롯한 다양한 핵미사일로 공격할 수 있다. 북한은 주한미군, 주일미군, 괌(Guam)도 언제든지 공격할 수 있고, 알래스카와 하와이도 공격 가능할 수 있으며, 본토의 주요도시를 공격할 수 있는 잠재력도 보유하고 있다. 미국, 러시아, 중국, 영국, 프랑스의 5개 공인 핵보유국을 제외할 경우 북한이 가장 복합적인 핵능력을 보유하고 있다고 평가할 수 있다.

4
북한은 핵무기를 사용할 수 있을까?

 # 일부 국민들은 동족이고, 미국의 핵 응징보복이 무서워 북한은 핵무기를 사용하지 못할 것으로 인식

 # 그러나 이미 북한은 법률을 통해 미국과 한국에 대한 핵사용 가능성을 암시

 # 북한 주도 통일 위해 불가피하다면 사용 가능할 것으로 판단, 대비 필요

 # 최후 수단으로 사용하겠지만 선제적 사용도 가능

상당수 국민들은 남북한은 동일민족이기 때문에 아무리 절박한 상황이라고 하더라도 북한이 남한에 대해 핵무기를 사용하지는 않을 거라고 생각한다. 북한의 핵무기는 미국을 공격하기 위한 것이고, 따라서 북핵 문제는 미국과 북한이 해결해야 할 사안이라고 생각하기도 한다. 그러나 남북한은 기본적으로 제로섬 성격의 체제경쟁이고, 북한은 이미 6.25전쟁을 통해 무력으로 남한을 정복하고자 시도했으며, 지금은 그 휴전상태이다. 주민들의 삶조차 제대로 돌보지 않는 북한의 수뇌부들이 동족이라는 이유로 핵무기를 사용하지 못할 것이라는 생각은 순진하고, 국가안보에 대한 올바른 접근방법이 아니다.

일부 국민들은 북한이 핵무기를 사용하면 미국이 대대적인 보복을 가할 것이고, 그렇게 되면 북한 정권은 말할 필요도 없고 북한 자체가 초토화될 것이라서 핵무기를 사용할 수 없다고 말한다. 그러나 수소폭탄과 ICBM에 근접한 능력을 가진 북한에 대한 미국의 응징보복 결정은 쉽지 않다. 북한의 핵미사일에 의한 미 본토 공격을 각오해야 할 것이기 때문이다.

특히 상당수 전문가들은 북한이 합리적일 거라는 가정하에 북한의 행동을 유추하지만, 실제로 북한 정권은 그다지 합리적이지 않다. 대규모 경제원조를 받아서 국가를 크게 발전시킬 수 있는 한국과 미국의 제안을 수용하지 않은 채 핵무기 개발을 통한 고립의 길을 선택하는 북한을 어떻게 합리적이라고 말할 수 있을까? 공산주의를 지금까지 맹신하고 있는 것 자체가 합리적이지 않은 것 아닌가? 북한의 시각에서 보면 합리적일 수 있다고 주장하는 사람도 있지만, 그렇다면 합리성에 대한 정의를 바꿔야 한다. 김정은과 같은 젊은 지도자일수록 상황을 오판할 가능성이 높다.

실제로 북한은 2013년 4월 1일 최고인민회의에서 채택한 "자위적 핵보유국의 지위를 더욱 공고히 할 데 대한 법" 제5조에서 "적대적인 핵보유국과 야합해 우리 공화국을 반대하는 침략이나 공격행위에 가담하지 않는 한 비핵국가들에 대해 핵무기를 사용하거나 핵무기로 위협하지 않는다"라고 밝히고 있다. 여기에서 "적대적인

"현실은 직시하지 않는다고 하여 달라지지 않는다!"

핵보유국"은 미국일 것이고, "적대적인 핵보유국과 야합해 우리 공화국을 반대"하는 국가는 한국일 것이다. 북한은 미국과 한국에 대해서는 핵무기를 사용할 수도 있다는 방침을 설정한 상태라고 할 수 있다.

북한은 '당 = 국가 = 군사'라고 할 정도로 일체성이 큰데, 그 목표는 인민민주주의에 의한 한반도 통일이고, 당연히 그 목표를 달성하는 데 필요하다면 북한은 핵무기 사용도 주저하지 않을 가능성이 높다. 북한이 수소폭탄과 ICBM 개발까지 추진한 것만 봐도 자신의 보호가 아니라 미국을 핵무기로 위협해 주한미군 철수와 한미동맹 철폐를 강요하겠다는 의도임을 알 수 있다.

비록 미국의 핵전력은 북한과 비교할 수 없을 정도로 강하지만,

북한이 자신의 초토화를 각오하면서 미국의 어느 도시에 핵무기 공격을 가하겠다고 위협할 경우 미국은 물러서야 할 수도 있다. 북한은 잃을 것이 별로 없고, 미국은 잃을 것이 너무나 많기 때문이다. 미국이 한국을 위해 북한과의 핵전쟁 위험을 고민 없이 감수할 것으로 가정하는 것은 합리적이지 않다.

북한도 핵무기를 사용하지 않으면서 그들 주도의 한반도 통일을 달성하는 것을 선호할 가능성은 있다. 그러나 남한이 순순히 연방제 통일을 수용하지 않을 경우 북한으로서는 무력 이외에는 방법이 없다고 판단할 수밖에 없다. 따라서 우선은 핵무기 사용의 위협을 통해 그들의 연방제 통일방안을 강요하겠지만, 그것이 뜻대로 되지 않을 경우에는 핵무기 사용 위협하에서 기습적인 재래식 군사공격을 가해 무력통일을 재추진할 가능성이 낮지 않다. 이러한 와중에 상황이 여의치 않을 경우 북한은 핵무기를 선제적으로 사용하겠다고 결정할 수도 있다. 내키지 않지만, 한국은 북한의 핵무기가 생존을 좌우하는 필사의 위협임을 자각해 총력을 기울여 대비하지 않을 수 없다.

5
북한은 핵무기를 어떻게 사용할까?

일차적으로는 핵공격 위협으로 남한의 정치적·경제적 양보 요구

국지도발 후 핵공격 위협으로 한국의 보복 차단 가능

핵 위협을 효과적으로 활용해 한국의 운명을 두고 미국과 흥정

재래식 공격과 핵 위협을 결합(핵 위협하 서울에 대한 기습 속전속결 가능)해 한반도 무력통일

북한의 핵무기 사용과 관련해 우선적으로 떠오르는 상황은 핵무기를 사용할 수도 있다고 위협하면서 남한으로부터 정치적 · 경제적 양보를 획득하는 것이다. 북한은 핵 위협을 암시하거나 노골적으로 위협함으로써 한국에게 경제적 지원을 요구할 수 있고, 보안법 철폐나 친북 정치범 석방 등 친북정책을 강요할 수 있으며, 특정 공직의 임명과 파면을 요구할 수 있다.

이에 대해 한국 정부와 국민은 처음에는 단호하게 거부하겠지만, 시간이 흐르면서 '전쟁이냐, 평화냐'라는 이분법이 등장할 것이고, 국론분열이 점점 극심해질 것이며, 북한의 요구를 들어줌으로써 우선 위기를 모면한 후 대책을 강구하자는 주장이 채택될 가능성이 높다. 한국이 북한의 요구를 수용해줄 경우 북한은 더욱 많은 요구를 반복할 것이고, 그러한 과정에서 북한의 자만심은 높아지면서 결국 한국은 속수무책의 상황에 빠질 가능성이 높다.

북한은 국지도발 후 핵무기 사용을 위협함으로써 한국의 보복을 차단하고, 성과를 자신의 소유로 만들 수 있다. 이 경우에도 한국 내부에서는 강력한 응징보복과 북핵 위협을 감안한 신중론으로 갈라지겠지만, 강경책이 선택될 가능성은 높지 않다. 북한의 경고에도 불구하고 한국이 응징보복을 실시해 북한 측에 상당한 피해를 가했을 경우 북한은 그에 대한 책임과 배상을 요구하면서 핵무기를 사용하겠다고 위협할 수 있다. 어느 정도까지는 한국이 강경책을 선택할 수 있지만, 북한의 위협이 점점 고조될 경우 한국은 북한에 굴복할 수밖에 없고, 그렇게 되면 북한은 국지도발이나 제한적 점령을 반복하면서 결국은 그들 주도의 통일을 강요할 것이다.

북한은 핵무기를 수단으로 한국에 대한 통제권을 두고 미국과 흥정할 수 있다. 이미 어느 정도 그러한 모습을 보이고 있듯이 북한은 한반도의 장래에 관한 문제를 미국과 협상할 것이고, 그러한 협상이 반복되면서 한반도에서 대표성을 확보하게 될 것이다. 미국의 경우 최초에는 한국과 긴밀하게 상의하면서 한국을 포기하지 않으려고 하겠지만, 북한이 주한미군 기지, 주일미군 기지, 괌, 알래스카,

하와이, 나아가 본토까지도 공격할 수 있다는 점을 지속적으로 암시할 경우 북한과의 흥정에 진지하게 나서지 않을 수 없고, 결국 한국 국민들의 의지보다는 자신의 국익에 충실한 결정을 내릴 수밖에 없다.

북한은 대규모 공격과 핵무기 사용 위협을 병행할 수 있다. 북한은 제한된 규모의 공격(예를 들면, 수도권에 대한 공격)을 실시하거나 6.25전쟁처럼 전면전을 실시하면서 핵무기 사용을 위협할 가능성이 높다. 일정한 지역에 핵무기를 사용해 한국을 공황상태로 빠뜨린 후 전면적인 남침을 실시할 수도 있다. 한국이 최선을 다해 전쟁을 수행하더라도 북한의 핵무기 사용 가능성을 염두에 두어야 하기 때문에 행동과 선택의 자유가 제한될 가능성이 높다. 그중에서 가능한 하나의 시나리오를 제시해보면 다음과 같다.

▷ 북한은 야음을 이용해 철원 지역을 기습적으로 돌파하고, 김포반도에 상륙작전을 감행했으며, 1번 도로 축선에 있는 한국군 부대에 대해서는 화학탄 공격을 가한 후 방독면을 착용한 상태로 일거에 공격해 문산을 점령했다. 북한은 만약 한국군과 미군이 반격할 경우 핵무기를 사용하겠다면서 위협했다.

▷ 한미연합사는 전시 상태로 돌입했다. 그러나 이미 철원과 김포를 통해 북한군이 고속으로 기동한 후 도심지역으로 잠입해 민간인과 혼합되어버린 상태라서 북한군을 공격할 수단이 마땅하지 않았다. 전방에 있는 한국군도 철수로가 차단되면서 고립되거나 공황상태에 빠졌다. 그러는 사이에 북한군은 3개 축선으로 진출해 서울을 포위하고 점령하게 되었으며, 그런 이후에 군사적 활동을 돌연 중지했다. 미국은 북한에 대해 바로 응징보복을 실시할 자세를 보였으나 북한이 군사행동을 중단하자 사태를 관망하는 자세를 취하게 되었다.

▷ 서울을 점령한 북한군은 어떤 추가적인 군사적 행동도 하지 않았고, 남한에 민주적인 정부를 수립한 후 바로 철수할 것이라고 주장하면서, 미국과의 협상을 제의했다. 처음에 거부하던 미국은 시간이 지나면서 철수를 조건으로 한 협상에 응하게 되었고, 이로써 철수의 시기와 조건을 둘러싼 협상이 전개되었으며, 그러한 협상이 오래 진행되면서 북한은 서울 점령을 기정사실화하게 되었다.

6
북한의 핵공격 시 피해는 어느 정도인가?

제2차 세계대전 시 히로시마와 나가사키에 2발 투하 : 150,000~246,000명 사망

서울 1발 : 1백만~4백만 명 사상 예상

정부 기능마비, 국가 공황상태로 피해 급증, 간접 피해도 심각

사전대비할 경우 상당한 피해 감소가 가능하고, 대비하는 것이 국가의 책무

핵무기는 그 위력이 워낙 크기 때문에 '대량살상무기(WMD: Weapons of Mass Destruction)' 또는 '절대무기(absolute weapon)'라고 불린다. 핵무기가 유일하게 사용된 사례는 1945년 8월 미국과 일본의 태평양 전쟁이었는데, 미국은 4년 동안 수많은 군인과 무기를 동원했음에도 종료시키지 못했던 태평양 전쟁을 2발의 핵폭탄을 사용해 항복을 받아내었다. 당시 일본의 히로시마에는 약 16kt, 나가사키에는 약 20kt의 원자폭탄이 투하되었는데 그 결과 두 개의 도시에서 15만 명에서

24만 6천 명 정도가 사망했다.

재래식 전쟁과 핵전쟁은 공격의 목표 자체가 다르다. 전자는 저항하는 상대방의 군대를 공격해 굴복시킨 후 항복을 받아내지만, 후자는 상대방의 도시에 공격을 가해 엄청난 피해를 입힘으로써 항복하도록 만든다. 핵무기는 준비된 군대를 공격하는 것이 아니라 준비되지 않은 무고한 주민들을 직접 공격해 대량살상한다. 이러한 능력을 과시함으로써 자신의 요구조건을 관철시키거나 상대방의 재래식 또는 핵공격을 억제한다는 개념이기 때문이다. 미국과 러시아의 경우 야포용 핵무기나 핵 지뢰 등으로 적의 군인들을 먼저 살상한다는 개념과 관련 무기도 개발했지만, 소량의 핵을 보유한 국가들은 도시를 통한 주민공격에 의존할 수밖에 없다.

동일한 위력의 핵무기라도 서울과 같이 인구가 조밀한 도심지에 사용되면 그 피해는 더욱 커진다. 15kt 위력의 핵무기가 서울에 투하되어 폭발할 경우 500미터 상공이면 62만 명, 100미터 상공이면 84만 명, 지면폭발이면 125만 명의 사상자가 발생할 것으로 예측한 자료가 있다. 한국 국방연구원에서 모의 실험한 자료에서도 20kt급 핵무기가 지면에서 폭발할 경우 24시간 이내 90만 명 사망과 136만 명의 부상을 예상하고 있다. '38 North'라는 단체에서는 북한이 제6차 핵실험을 통해 개발한 250kt의 수소폭탄이 서울에 투하될 경우 3,561,206명의 사상자(사망 783,197명, 부상 2,778,009명)가 발생할 것이라고 분석하기도 했다. 한국의 도시 대부분은 인구밀도가 높고, 대피시설도 거의 구축되지 않은 상태라서 실제 피해는 상상을 초월

할 수 있다.

핵무기 공격은 상대방의 어느 도시에 핵무기를 투하하는 간단한 행동이지만, 방어는 매우 어렵다. 핵폭발이 일어날 경우 국민들과 마찬가지로 정부나 군대도 심각한 피해를 입은 후 여력이 없을 것이기 때문이다. 정부는 방송을 통해 일부 필요한 사항을 안내할 수는 있지만, 방사능으로 오염된 지역에 구조요원을 쉽사리 들여보낼 수 없고, 구조의 효과도 크지 않다.

군대도 방사능 처리를 위한 특수장비를 구비한 일부 요원 이외에는 핵폭발 지역에 출입할 수 없다. 핵공격이 있었다고 해서 전방

지역을 경계 및 방어하는 부대들을 국민들의 구호를 위한 활동으로 전환할 수도 없다. 핵공격을 받은 사상자가 제대로 치료받기 어렵고, 상황에 따라 간접적인 피해도 심각한 규모로 발생할 수 있다. 핵무기 공격을 받으면 국가 전체가 공황상태에 빠진다고 봐야 한다.

핵폭발의 피해가 엄청나기 때문에 대부분의 국민들은 핵전쟁이 발생하면 모두가 사망하고, 국가가 종말을 맞을 것이며, 따라서 핵폭발에 대한 대비는 불필요하다고 생각한다. 그러나 핵무기가 대량살상을 초래하는 것은 분명하지만, 1~2발 정도로 국가를 소멸시킬 수는 없다. 대부분의 핵공격에서는 사망자보다 생존자가 많을 가능성이 높다. 핵무기의 위력에 따라서 다르겠지만 일정한 반경을 벗어나면 핵폭발의 피해가 줄어들고, 특히 낙진에 의한 피해는 사전에 조치를 강구해두면 상당할 정도로 예방할 수 있다. 아무리 핵 위협이 심각해지더라도 국가와 개인의 생존을 포기할 수 없지 않은가? 핵폭발 시에도 국민들의 생존을 보장할 수 있는 다양한 조치를 강구해야 하는 이유이다.

7
북한의 비핵화는?

 # 2018년에는 북한이 비핵화 용의를 표명함으로써 한국 및 국제사회가 흥분

 # 그러나 북한이 자신의 핵무기 폐기를 확실하게 약속한 것은 아니고, 지금까지 조치한 바도 거의 없으며, "조선반도 비핵화"라는 개념하에 주한미군 철수와 한미동맹 철폐를 의도할 가능성

 # 지금까지 북한의 행태, 전략, 언급내용을 볼 때 궁극적인 북핵 폐기의 가능성은 낮은 것이 현실

 # 북한이 계속적으로 핵무기를 대량생산함에 따라 한국의 처지만 악화될 가능성

2018년 2월 평창 동계올림픽에 북한 대표팀이 참가한 것을 계기로 남북관계가 개선되자 한국은 정의용 안보실장을 단장으로 하는 사절단을 북한에 보냈다. 정 실장은 평양에서 김정은을 면담한 후 3월 6일 귀국해 북한이 비핵화할 용의가 있다고 발표했다. 이에 따라 2018년 4월 27일 판문점 남북 정상회담이 개최되었고, 공동선언문에서 "남과 북은 완전한 비핵화를 통해 핵 없는 한반도를 실현한다는 공동의 목표를 확인"했다. 북한은 2018년 5월 24일 풍계리에 있는 핵실험장을 폭파시키기도 했다. 이어서 6월 12일 싱가포르에서 미북 정상회담이 개최되면서 북핵 폐기는 기정사실로 인식되어 미국의 트럼프(Donald J. Trump) 대통령은 "북한의 핵무기 위협은 사라졌다"라고 단언하기도 했다.

그러나 북한은 그들의 핵무기를 폐기하기 위한 실질적인 조치는 강구하지 않은 채 남한의 경제 지원과 미국의 경제제재 해제를 요구해왔다. 2018년 9월 18~20일 사이에 평양에서 남북 정상회담이 개최되기도 했으나 한반도를 "핵무기와 핵 위협이 없는 평화의 터전"으로 만들고자 노력한다는 데만 동의했을 뿐이다.

결정적으로 북한은 2019년 2월 27~28일 사이에 개최된 베트남 하노이의 미북 정상회담에서 핵폐기의 일정도 제시하지 않고, 이미 개발된 핵탄두나 미사일은 언급하지도 않은 채 거의 무용해진 영변 핵시설의 폐기를 조건으로 최근에 부과된 대북한 경제제재들을 대부분 해제할 것을 요구했다. 이를 통해 북한은 핵무기를 보유한 상태에서 경제적 압박을 해소하겠다는 의도를 드러내었고, 이로 인해 협상이 결렬되기도 했다.

한국의 일부 인사들이 '소망적 사고(wishful thinking)'에 빠져서 현실을 보지 않고자 하지만, 북한이 그들이 애써 개발한 핵무기를 폐기하겠다고 믿을 만한 근거는 어디에도 없다. 오히려 북한은 2018년 4월 20일 개최된 북한 노동당 중앙위원회 전원회의 결정서에서 "핵강대국으로 재탄생"한 상황에서 "핵무기 병기화의 실현" 후 "핵군축"을 지향한다는 점을 명시한 바 있다.

실제로 북한은 지금까지 그들이 합의한 것은 북한의 비핵화가 아니라 '조선반도 비핵화'라고 주장하고 있다. '조선반도 비핵화'는 김일성 시대부터 유지되어온 북한의 주장으로서, 미국 핵우산(nuclear umbrella)의 철폐, 즉 주한미군과 한미동맹 철폐를 전제로 하는 용어이다. 이것은 당연히 억지지만, 북한이 그들의 핵무기를 폐기하겠다고 명시한 적이 없는 것은 사실이다. 대한민국은 핵무기를 보유하고 있지 않기에 상식에 입각해 조선반도 비핵화, 즉 한국식 용어로 '한반도 비핵화'는 당연히 북한의 비핵화를 의미하는 것으로 우리가 성급하게 단정한 측면도 없지 않다.

2018년 3월 6일 정 실장의 발표내용도 "북한은… 북한에 대한 군사적 위협이 해소되어, 북한의 체제안정이 보장된다면 핵을 보유할 이유가 없다는 점을 분명히 했다"라는 내용인데, "북한에 대한 군사적 위협이 해소"되어야 한다는 전제는 바로 주한미군 철수 또는 한미동맹 해체를 말한다. 사실이 이러함에도 한국 정부는 이 전제 조건을 경시한 채 북한의 선의를 믿으면서 협상을 시작했고, 그래서 하노이 회담에서 현실이 드러나 결렬된 것이다.

북한은 지금까지 비핵화 의미를 애매하게 유지함으로써 실질적인 양보 없이도 적지 않은 성과를 거두었다. 북한은 북한의 자발적인 핵무기 폐기 기대를 바탕으로 모든 것을 양보하려는 남한과 수차례 협상을 전개함으로써 남북관계에서 주도권을 확보하면서 군사합의서까지 맺어서 군사대비태세를 약화시켰다. 또한 미국과 직접 협상함으로써 한반도의 대표성을 확보하면서 전 세계에 그의 존재를 과시하는 성과를 거두었다. 심지어 남한의 정부는 국민들에게 "전쟁은 없다" 또는 "평화의 시대가 열렸다"라고 강조하고, 대대적인 친북한 정책을 시행하고 있으며, 한미동맹도 가볍게 여기게 되었다.

8
북한의 오판 전쟁 가능성은?

 # 전쟁의 발발에는 상대방의 의도와 능력에 관한 오인식(misperception)도 중요한 요인

 # 북한과 같은 기회주의 국가는 남한이 제대로 대응하지 않을 것이라고 판단하면 공격

 # 핵무기로 미국을 위협할 경우 미국이 개입하지 않을 것으로 오판 가능

 # 핵무기 개발로 한국의 저항력과 저항의지를 이미 과소 평가

전쟁은 워낙 중대한 사항이라서 한두 가지 요인으로 발발하지는 않는다. 전쟁을 시작하는 국가는 국제정치상의 세력관계 계산과 함께 승전했을 때 기대되는 이익, 패전했을 경우 부담해야 할 비용, 승전과 패전의 확률, 전쟁이 아닌 다른 대안을 선택했을 경우의 이익과 비용 등을 종합적으로 고려해 결단을 내릴 것이다. 이때 비합리적 요소도 상당할 정도로 작용한다. 스퇴싱어(John Stoessinger)라는 전쟁연구학자는 제1 · 2차 세계대전, 한국전쟁, 베트남 전쟁 등 최근 주요 전쟁의 발발원인을 분석한 후 가장 비중 있는 요소가 오인식(誤認識, misperception)이라고 말하고 있다. 저비스(Robert Jervis)도 국제관계에서 내려지는 결정의 상당부분이 오인식에 기인한다고 주장한 바 있다.

오인식에 의한 전쟁발발과 관련해 스타인(Arthur Stein)의 '상호주의 국가(reciprocator)'와 '기회주의 국가(opportunist)'의 구분이 흥미롭다. 전자는 상대방이 단호하게 나오면 단호하게, 상대방이 협력적으로 나오면 협력적으로 대응한다. 후자는 반대로 상대방이 단호하게 나오면 협력하고, 상대방이 협력적으로 나오면 단호하게 나간다. 스타인에 의하면 전쟁은 승리를 노리는 기회주의 국가가 상대방(대부분 상호주의 국가)이 협력적, 즉 적극적으로 대응하지 않을 것이라고 판단할 때 발발한다. 제1차 세계대전도 기회주의 국가인 독일이 상호주의 국가인 영국의 대응의지를 과소평가해 발발했고, 1950년의 한국전쟁도 기회주의 국가인 북한이 상호주의 국가인 한국과 미국의 대응의지와 능력을 과소평가해 발발했다.

이념의 확산을 중요시하는 공산주의의 속성이나 지금까지 남한에 대해 취해온 행태로 보면 북한은 기회주의 국가이다. 따라서 승리만 보장된다면 중국이나 러시아를 설득해 전쟁을 발발하려 할 가능성이 높다. 현재도 남북한은 휴전상태라서 군사적인 대결이 내재되어있고, 언제든지 휴전상태는 깨어질 수 있다. 김일성은 1965년을 남침 시점으로 잡은 후 1962년부터 본격적으로 준비했고, 1975년 4월 중국을 방문해 남침문제를 협의했다는 주장도 없지 않다.

북한은 전쟁발발을 고려할 때 미국의 개입 여부를 가장 진지하게 검토할 것이다. 미국은 세계 최강의 핵전력과 군사력을 보유하고 있을 뿐만 아니라 28,500명 규모의 주한미군을 주둔시키고 있고, 유사시 한국을 보호해주겠다는 공약을 천명하고 있기 때문이다. 6.25 전쟁에서도 북한은 미국이 개입했기 때문에 실패했다. 그래서 북한은 집요하게 주한미군 철수와 한미동맹 철폐를 주장하고 있다. 6.25 전쟁의 발발에도 1년 전에 주한미군이 철수하고, 1950년 1월 12일 미국 애치슨(Dean Acheson) 국무장관이 미국의 서태평양 방어선에 한국을 포함시키지 않는다고 발표한 것이 중요한 요인이 되었다. 이제 북한은 핵미사일로 미국을 위협해 개입 자체를 자제하게 만들 수 있고, 따라서 그들 주도의 무력통일을 달성할 수 있다고 오판할 가능성은 점점 높아지고 있다.

미국의 개입 여부만큼은 아니더라도 한국의 저항 정도도 북한에게는 중요한 고려사항일 것이다. 한국은 그동안 눈부시게 성장한 경제력을 바탕으로 군사력의 질을 크게 향상시켰고, 한미연합사(ROK-US Combined Forces Command)를 중심으로 수준 높은 한미연합 방위태세를 유지하고 있기 때문이다. 그런데 최근 남북한 군사 분야 합의를 통해 한국군의 감시 및 정찰 능력을 약화시켰고, 훈련을 축소시킴으로써 군인들의 정신무장과 전투준비태세가 높지 않을 수 있다. 북한은 상황이 잘못되더라도 핵무기 사용으로 위협함으로써 한미 양국군의 반격을 억제할 수 있다고 판단할 수 있다. 또한 기습공격을 통한 속전속결로 서울을 점령한 후 항복을 받아내거나 협상하는 방법도 없는 것은 아니다.

"북한은 절대로 한국을 공격하지 않을 것이다"라든가 "공격하면 반격해 통일하면 된다든가"라고 말하기는 쉽지만, 책임질 수는 없다. 한국 국민들이 북한의 공격 가능성을 낮게 평가할수록 북한의 오판 가능성은 높아진다.

9
북한이 붕괴된다는 말도 있는데?

1990년대 후반 주한미군사령부에서
북한의 붕괴 가능성 제기 이래 꾸준히 논의

김정일 건강 악화, 김정일 사망, 장성택 처형 등
북한 권력층 내부에 다수의 변고가 있었지만 지금까지 급변사태 미발생

북한에서 급변사태가 발생하거나
그것이 내란 상황으로 악화될 가능성은 낮은 것이 사실

급변사태가 유용하다면 기대만 할 것이 아니라
유도 위한 적극적 노력 경주 필요

한국에서 급변사태 논의는 1994년 김일성이 사망하고 1995년 홍수 등으로 북한의 경제가 매우 어려워지자 주한미군사령부에서 북한의 '붕괴(collapse)' 가능성을 제기한 것이 계기가 되어 활성화되었다. 당시 주한미군사령부에서는 북한이 외부로부터의 공격(explosion)이나 내부폭발(implosion)로 붕괴될 가능성을 언급하면서, ① 식량난 등 자원고갈 단계로부터 시작 ② 대상을 선별해 자원을 공급하는 차

별화 단계 ③ 생존을 위협받음에 따라 각 지역별로 자구책을 마련하는 지역독립 단계 ④ 중앙정부의 억압단계 ⑤ (내부) 저항단계 ⑥ 폭력을 수반한 균열단계 ⑦ 권력재편의 7단계로 예상했고, 당시는 2단계에서 3단계로 넘어가는 과정이라고 평가하기도 했다. 당시 럭(Gary Luck) 사령관은 1996년 3월의 미 의회 증언에서 북한의 붕괴는 그 여부가 아니라 언제, 어떻게의 문제일 뿐이라고 강조하기도 했다. 그러나 예상과 달리 북한의 급변사태는 발생하지 않았다.

2000년대 후반 김정일의 건강에 문제가 있다는 분석이 제기되자 또다시 국내에서는 북한 급변사태에 대한 토론이 활발해졌다. 2009년 하순 한미 양국 군은 북한의 급변사태를 상정한 '개념계획 5029'를 '작전계획' 수준으로 발전시킨다는 보도도 있었다. 2011년 12월 19일 김정일이 심근경색으로 갑자기 사망하면서 약관의 김정은이 권력을 인계받게 되었을 때도 급변사태에 대한 기대가 적지 않았고, 2013년 12월 북한의 2인자였던 장성택이 전격 처형됨으로써 북한 권력 내부의 불안정성이 노출되자 기대는 더욱 강화되었다. 그러나 지금까지 북한에서 급변사태는 발생하지 않고 있다.

공산주의 몰락 이후 붕괴된 국가들이 각각 상이한 과정을 거쳤듯이 북한의 급변사태가 발생할지, 또는 어떤 과정으로 전개될지 예측하는 것은 쉽지 않다. 다만, 지금까지의 논의를 종합해볼 때 대체적으로 북한의 급변사태는 ① 경제난 등으로 북한주민의 불만이 고조된 가운데 ② 북한 권력층 내의 갑작스러운 변화가 발생하고 ③ 권력의 자연스러운 승계가 실패하면서 권력공백이나 권력투쟁이 발

"최소한 감나무를 흔들기라도 해야지.... 쯧쯧"

생하며 ④ 그 과정에서 공산당의 통제력이 약화되면서 대규모 민중봉기가 발생하고 ⑤ 민중봉기의 과정 또는 결과에 의해 내란 또는 무정부 상황으로 악화되는 정도를 상정하고 있는 것으로 판단된다.

그러나 이 과정을 현실에 적용해볼 경우 그 가능성은 높지 않다. 첫째, 경제난이 심각한 것은 사실이지만 수십 년 동안 지속되면서 북한사회가 적응하고 있다. 둘째, 그동안 보여준 김정은의 장악력을 고려할 때 북한 권력층 내에 심각한 변화가 발생하기는 어렵다. 셋째, 북한 권력의 공백이 권력투쟁으로 유도될 수는 있으나 넷째, 지금까지 북한 민중들이 보여온 낮은 저항력을 고려할 때 그것이 민중봉기로 연결되거나 내란 또는 무정부 상태로 악화될 것으로 기대하기는 어렵다. 따라서 지금까지의 경험으로나 현실적 여건을 고려할 때 북한의 붕괴 가능성은 낮다고 봐야 한다.

더욱 문제가 되는 것은 북한의 급변사태에 대한 기대로 인해 한국 정부가 적극적인 대북정책을 구상하거나 구현하지 않는다는 것이다. 이명박 정부와 박근혜 정부의 경우에도 급변사태에 대한 기대로 인해 현상유지 또는 시간 보내기 식의 대북정책을 추구하면서 제대로 된 북핵 대응책을 강구해오지 않은 점이 있다. 지금도 상당한 국민들의 뇌리에는 북한의 급변사태와 그를 활용한 남북문제, 핵문제, 통일문제 일거 해결의 기대가 존재하는 것이 사실이다.

나아가 북한에서 급변사태가 발생한다고 해도 한국이 주도적으로 상황에 개입하기는 어렵다. 국제법적으로 남북한은 유엔에 함께 가입한 상태라서 타국의 내정에 간섭할 수 없고, 북한에 군대를 보내어 개입하는 것은 더욱 어려울 것이기 때문이다. 한국이 개입할 수 있다면 중국을 비롯한 모든 나라가 개입할 수 있다는 논리가 된다.

북한에서 급변사태가 발생할 때 이를 활용해 통일하는 방법을 기대하고 있다면, 그것을 기다리기만 할 것이 아니라 유도하기 위한 노력을 경주해야 한다. 감을 따기 위한 노력은 하지 않은 채 감나무에서 감이 떨어지기만을 기다려서는 곤란하다.

10
북한과의 공존은 가능한가?

북한은 핵보유, 한국은 미보유 상황으로는 남북한 평화공존 불가능

북핵이 포기되더라도 북한이 자유민주주의 시장경제를 수용하지 않는 한 장기적 평화공존은 불가능

통일은 상대의 부정에서 출발하기 때문에 평화공존과 상충

통일보다는 남북한 화해협력에 우선적으로 집중해야 하고, 확고한 안보태세를 바탕으로 북한의 변화를 기다리는 것이 최선

북한은 핵무기를 가지고 있는 반면에 한국은 없기 때문에 현 상태에서 남북한의 공존은 이론적으로 불가능하다. 남한의 안보는 북한이 핵무기를 사용하지 않겠다는 선의나 약속에 의존해야 하기 때문이다. 미국의 핵우산으로 균형을 잡을 수는 있지만, 북한이 ICBM을 개발해가고 있어 신뢰성은 점점 떨어질 수밖에 없다. 저명한 국제정치학자인 모겐소(Hans J. Morgenthau)는 “핵무기에 의한 보복수단이 없는 상태에서 (핵공격을) 위협받는 국가는 초토화되거나 1945년 일본이 했던 것처럼 무조건 항복할 수밖에 없다"라고 말한 바 있다. 결국 한국은 미국의 핵무기를 한국에 배치시키든가 아니면 스스로가 핵무기를 개발하는 등으로 핵 균형을 달성하지 않는 한 북한에게 굴복할 수밖에 없다.

북한이 핵무기를 포기하더라도 현재와 같은 독재 및 인민민주주의 체제를 유지하는 한 평화공존은 쉽지 않다. 그들의 이념 자체가 무력을 사용해서라도 확산되기를 요구하고 있고, 북한은 6.25전쟁을 통해 그것을 시도했으며, 현재도 휴전상태이고, 북한이 그것을 포기했다는 증거는 없기 때문이다. 북한이 핵무기를 포기하더라도 자유민주주의 시장경제 체제를 수용하지 않는 한 북한의 핵무기 개발 이전처럼 남북한은 대치상태를 유지하게 될 것이다. 북한이 일시적으로 협력하더라도 견해의 상충이 발생하면서 불신이 증대될 가능성이 크고, 언제 극단적인 군사적 대결로 치닫게 될지는 누구도 확신할 수 없다.

남북한의 공존과 통일은 상충성을 지니고 있다. 통일은 기본적으로 상대를 인정하지 않는 것이고, 쌍방 모두 상대에 의한 흡수통일을 수용하지는 않을 것이기 때문이다. 너무나 당연해 자칫 망각하기 쉽지만 우리는 "자유민주주의에 의한" 통일을 추구하고 있고, 북한은 "인민민주주의에 의한" 통일을 지향하고 있으며, 자유민주주의와 인민민주주의는 결합 또는 공존할 수 없다. 통일은 겉으로는 좋게 들리지만, 결국 상대방의 굴복을 요구하는 것이고, 따라서 평화공존을 어렵게 만들 수밖에 없다. 통일을 열심히 주장 또는 준비

"우리 싸우지만 말고 시간을 기다리세. 분리된 것은 언젠가는 합쳐지겠지!"

할수록 통일은 물론이고, 남북한 대화도 어려워지게 되는 역설이 엄연한 현실이다.

그렇기 때문에 북한이 핵무기를 개발한 상황에서 통일을 추구하는 것은 오히려 남한의 굴복이나 핵전쟁으로 상황을 악화시킬 수 있다. 서로의 체제를 인정하는 가운데 교류와 협력을 통해 가능한 범위 내에서 호혜성을 강화하면서 공존을 추구하는 것이 현실적이다. 통일하려다가 굴복하거나 전쟁하는 것보다는 서로가 개별적으로 번영하는 것이 더욱 바람직하지 않겠는가? 보편적인 국가 간의 관계처럼 남북한 간에 인적 교류가 확대되고, 물자를 사고팔며, 서로가 합의해 공동의 경제적 및 사회적 프로젝트를 수행해나가는 것이 중요하다.

한국의 공식적 통일방안도 "화해협력 → 남북연합 → 통일국가"로 이행하는 "민족공동체 통일방안"으로서 서로의 실체를 인정한 바탕 위에서 화해와 협력을 달성하는 것을 최우선시하고 있다. 통일에 대한 열망이 워낙 커서 최근 1단계보다는 2 또는 3단계에 중점을 두게 되었지만, 그로 인해 한반도의 안보상황과 통일은 더욱 어려워지고 말았다. 비록 시간이 걸리고 답답하더라도 "화해협력"의 1단계에 더욱 많은 시간과 중점을 투입해야 한다.

역설적이지만, 남북한 간의 화해협력을 확대하는 데 필요한 조건은 확고한 안보태세이다. 무력통일이 불가능하다고 북한이 인식해야 화해협력에 적극적으로 나설 것이기 때문이다. 한국이 북핵 위협에 제대로 대응할 수 있는 방법과 수단을 구비하지 못할수록 북한은 핵공격 위협이나 핵공격으로 그들 주도의 통일을 달성하고자 노력할 것이고, 그럴수록 한반도는 불안정해지며, 자칫하면 평화공존도 어려워질 수 있다. 외교적 폐기 노력을 지속하면서도 기본적으로는 북핵에 대한 억제 및 방어태세 강화에 더욱 노력해야 하는 이유이다.

안보상황이 불안해질수록 국민들은 단방약(silver bullet)을 희구하고, 그것을 약속하는 사기꾼이 판치게 된다. 암환자가 절박할수록 특효약을 선전하는 사기꾼이 늘어나고, 손쉽게 속는 것과 같다. 그러나 인간의 병에도 단방약이 없듯이 국가안보에도 그러하다. 북한의 어떤 도발도 물리칠 수 있는 확고한 대비태세를 구비한 바탕 위에서 위험하지 않은 범위 내에서 긴 호흡으로 화해협력을 점진적으로 증진하면서 북한이 변화하기를 기다릴 수밖에 없다.

우리는?

11
북핵은 어떻게 대응해야 하나?

미국의 핵우산을 활용한 억제 노력이 최우선

탄도미사일 방어체제를 구축해 유사시 공격해오는 핵미사일을 공중에서 요격하는 것이 가장 안전

핵공격 징후 발견 시 선제타격해 지상에서 파괴하는 것은 효과적이나 위험

최악의 상황에서도 피해를 줄일 수 있는 핵민방위 조치까지 강구 필요

핵무기 균형이나 재래식 보복방법 강구 등 자체 억제태세도 강화

북한이 핵무기를 포기하지 않을 경우 한국이 최우선적으로 노력해야 하는 사항은 북한이 핵무기를 사용하지 못하도록 억제하는 일이다. 억제는 상대방이 어떤 행동을 하고 싶어도 그보다 더욱 큰 피해를 각오해야 하거나 성공하지 못한다고 판단해 자제하도록 만드는 노력이다. 그런데, 핵무기가 없이는 핵공격에 대해 더욱 큰 피해를 끼칠 수 없기 때문에 한국은 미국의 핵무기, 즉 '핵우산'에 의존하는 수밖에 없다. 이 경우 미국이 자기 일처럼 실제 보복을 할 것이냐에 관한 불안이 불가피하기 때문에 한미동맹을 지속적으로 강화해 핵우산이 100% 이행되도록 만들고, 그렇게 북한에게 확신시켜야 한다. 북핵이 더욱 강화될 경우 유럽의 나토처럼 미국의 핵무기를 한국에 전진 배치시켜 핵우산의 신뢰성을 더욱 높여야 할 필요도 있다.

억제는 상대방의 마음을 움직여야 하는 일이라서 원초적으로 불안하기 때문에 북한이 핵무기로 공격할 경우 이것을 공중에서 파괴시킬 수 있는 탄도미사일 방어체제(BMD: Ballistic Missile Defense)를 구축하는 것이 중요하다. 한국의 경우 북한과 인접해 가깝고 특히 서울이 휴전선에서 40km 정도에 불과해 탄도미사일 방어에 어려움이 적지 않지만, 최후의 방어조치로서 탄도미사일 방어는 필수적이다. 대도시별로 유사시에 북한의 핵미사일을 요격(邀擊, interception)할 수 있도록 요격용 미사일을 배치하고, 2회 정도의 요격기회를 보장하는 다층방어를 실시해 요격확률을 높일 수 있어야 한다.

탄도미사일 방어의 신뢰성이 높지 않을수록 선제타격(preemptive strike)의 필요성은 높아진다. 북한의 핵미사일 공격 징후가 명확할 경우 그것이 발사되기 전에 폭격해 파괴시킴으로써 요격대상을 줄여야 하기 때문이다. 1발의 핵공격이라도 허용하면 치명적 피해가 발생하면서 대응이나 반격 자체가 어려울 수 있다는 점에서 선제타격 결행 전에 상대의 공격의사를 확인하기 위해 지나치게 지체해서는 곤란하다. 이스라엘은 1981년 이라크, 2007년 시리아의 핵발전소를 건설단계에서 타격해 파괴시킴으로써 핵 위협을 미연에 방지했지만, 한국은 1994년 미국의 유사한 제안에 반대함으로써 현재와 같

은 핵위기를 허용하고 말았다.

국가안보는 최악의 사태까지 대비하는 것이기 때문에 한국은 북한이 핵무기 공격을 가할 경우 피해를 최소화하기 위한 핵민방위(nuclear civil defense) 조치도 강구하지 않을 수 없다. 핵무기 공격은 1개 도시를 초토화시킬 정도로 엄청나지만, 그래도 사전에 대비하면 피해를 줄일 수 있기 때문이다. 현재의 민방위 개념에 핵 상황을 추가하고, 민방공호의 수준도 핵대피가 가능하도록 격상하며, 핵공격하에서의 대피요령을 국민들에게 교육시키고, 핵공격에 대한 적시적 경보체제를 구축할 필요가 있다. 냉전시대에 미국과 소련은 물론이고, 유럽국가들은 대대적인 핵민방위를 시행했는바, 영세중립국인 스위스도 전 국민이 대피 가능한 다양한 형태의 대피소를 구축했다.

미국의 핵우산이 작동하지 않을 경우를 대비한 한국의 자체적인 억제방책도 강구할 필요가 있다. 자체적으로 핵무기를 개발하거나 유사시 단기간에 개발할 수 있는 잠재력을 보유할 수도 있고, 북한이 핵공격 시 북한 수뇌부를 사살(decapitation)할 수 있는 능력을 구비하거나 과시해 북한이 쉽게 핵공격을 결심할 수 없도록 만들 필요도 있다. 자신의 안위가 위협받을 수밖에 없다는 점이 분명할 경우 북한의 지도자는 핵공격 결심에 더욱 신중할 것이기 때문이고, 현재 상태에서 한국이 조치 가능한 방법이기 때문이다. 그래서 한국군은 '한국형 응징보복(KMPR: Korea Massive Punishment and Retaliation)'이라는 명칭으로 공군력, 미사일 전력, 특수부대 전력을 통합하는 자체 보복력을 구비해온 것이다.

핵무기의 위력이 아무리 크다고 하더라도 지레 겁먹고 국가의 생존을 포기할 수는 없다. 그럴수록 가용한 모든 수단을 복합적으로 활용해 방어태세를 높여야 한다. 한미동맹은 물론이고, 일본과의 협력체제도 검토하고, 탄도미사일 방어, 선제타격, 핵민방위 등을 복합적으로 보강하지 않을 수 없다. 그러한 억제 및 방어태세가 구비될 때 북한의 핵무기를 포기시키기 위한 외교적 노력도 성과를 획득할 수 있을 것이다.

12
남한의 북한 비핵화 협상전략은 무엇이 잘못되었는가?

북핵 폐기 논의에 있어서 한국의 역할과 책임 포기

경제보상 제공에만 치중해 연성 입장 협상 치중

최상대안(BATNA)의 개발 또는 과시 소홀

하한선을 정립해 제시한 후 그것에 미달할 경우 회담 결렬도 각오하는 단호한 자세 미흡

총체적인 협상전략 부재와 국론 통합 미흡

북한 비핵화를 위한 협상 실패의 원인은 여러 가지로 분석될 수 있지만, 가장 핵심적인 사항은 한국이 직접 북한의 비핵화를 협의하지 않았다는 사실이다. 한국은 북한과 경제, 사회, 문화, 군사 분야의 협력만 논의한 채 정작 핵심인 북핵 폐기에 관한 사항은 미국이 담당하도록 의탁했다. 이로 인해 한국은 북핵의 가장 직접적인 피해 당사자이면서도 아무런 능동적 조치를 강구하지 못하게 되었고, 북한은 이제 한국을 핵 관련 사안의 논의 대상으로 인식하지 않고 있다.

적절한 경제적 보상을 조건으로 북한의 핵무기 폐기를 유도할 수 있다는 전제부터 잘못되었을 수 있다. 북한은 그들 주도의 한반도 통일을 한번도 포기한 적이 없고, 핵무기가 그것을 위한 가장 효과적인 수단임을 알고 있으며, 따라서 어떠한 보상을 제시해도 포기할 생각이 없었을 수 있기 때문이다. 북한에게 비핵화 협상은 핵무기 개발 또는 고도화를 위한 시간을 벌거나 그들 혁명의 여건을 개선하기 위한 책략에 불과했을 가능성이 높다. 어떻게 협상을 전개해도 북한의 비핵화는 성공하기 어려웠다고 평가할 수 있다.

협상전략도 한국은 온건하거나 순진한 연성 입장 협상(soft positional negotiation)에만 치중했다. 북한과 관계를 개선해 수뇌부 간에 신뢰관계를 형성하면 북핵 문제 해결이 가능할 것이라는 막연한 인식에 기초해 북한을 우호적으로 대하는 데만 중점을 두었기 때문이다. 실제로는 한국의 그러한 노력이 북한의 핵무기 개발을 지원하는 결과를 초래하기도 했다. 한국이 화해협력 정책을 시행하는 과정에서 제공한 대부분의 지원은 어떤 식으로든 북한의 핵무기 개발에 도움이 되었을 것이기 때문이다.

정부의 발표에 의하면 2004년부터 가동된 개성공단을 통해 2015년 말까지 5억 6,000만 달러(약 6,160억 원)의 현금이 북한에 유입되었다고 한다. 반면에 북한은 전형적인 강성 입장 협상(hard positional negotiation)을 고수하면서 위협과 압력을 적극적으로 사용했고, 그 결과 핵무기 개발과 보유에 성공했다.

한국은 협상 결렬 시 채택할 수 있도록 별도의 '최상대안(BATNA: Best Alternative to a Negotiated Agreement)'을 제대로 준비하지 않았다. 예를 들면, 북핵 협상이 결렬될 경우 한국은 선제타격, 미 전술핵무기 재배치, 자체 핵무장, 한일 안보협력 강화 등을 실행하겠다는 등으로 BATNA를 과시함으로써 북한이 핵무기 폐기를 선택하도록 해야 하는데 그러지 못했다. 오히려 전시 작전통제권을 환수해 한미연합사를 악화시키거나 '균형외교'를 통해 중국과의 관계를 개선하는 등 BATNA를 없애는 방향으로 노력한 점이 있다. 따라서 북핵 협상에서 한국은 북한에게 주도권을 내주고 말았다.

북핵 협상 과정에서 한국은 '하한선(bottom line, walkaway point)'을 제시하거나 활용한 적도 없었다. 수사(rhetoric)로는 북한의 핵무기 개발을 용인할 수 없다고 말하면서도 대북 협상에 있어서 한국이 회담장을 박차고 나온 경우는 없었다. 북한의 양보를 한 가지라도 얻으면 다행이라고 생각했고, 작은 것도 큰 성과로 국내에 홍보하는 데 치중했다. 북한이 회담의 시간, 장소, 내용, 결과를 일방적으로 결정했고, 이산가족 상봉 허용 등과 같이 북한이 남한 주민 설득용으로 몇 가지 합의를 한국 정부에게 시혜하는 형태였다.

한국은 자유민주주의 국가이기 때문에 정부가 아무리 효과적인 대북 협상전략을 정립했다고 해도 국론이 통일되지 않으면 효과를 발휘할 수 없다. 여야는 물론이고, 우파와 좌파 모두 북한의 핵 위협이 심각한 상황임을 인식하고, 이것을 제거하거나 이로부터 국가와 국민들을 보호하는 데 총력을 기울여야 한다. 국민들의 비판적 여론에 귀 기울이는 정부의 겸허한 자세가 바탕이 되어야 하는 것은 물론이다.

13
재래식 군사력은 우리가 우세하다는데?

일부 분야에서 남한 군사력의 질적 우위는 사실이나
수적 열세를 어느 정도 상쇄할지는 미지수

기습공격을 받아 한국군이 공황상태에 빠질 경우 질적 우위 발휘 불가능

속전속결의 단기전에서는 국방비보다는 무기, 장비, 병력의 수가 중요

북한의 핵무기 보유로 북한 재래식 전력의 전투 효율성은 높아진 반면
남한의 그것은 저하

현재 상당수의 국민들은 북한의 경제력이 낙후되었다는 사실에 근거해 재래식 전력에서는 한국이 그다지 열세하지 않을 것이라고 생각한다. 당연히 질적인 측면에서 한국이 우세한 분야가 적지 않다. 그럼에도 불구하고 양으로만 보면 북한의 재래식 군사력은 한국의 2배 정도이다. 미국의 지원전력을 고려하면 장기전에서는 한국이 유리할 수 있다. 그러나 북한이 단기전을 준비해 기습공격할 경우에는 질적 우위가 발휘될 시간이 주어지지 않을 수 있다. 한국과 같이

산악지형에다 도시화가 높아진 여건에서는 6.25전쟁의 사례처럼 해공군의 질적 우위가 효과를 발휘하기 어렵고, 지상군의 영토장악과 침투가 더욱 결정적인 효과를 발휘할 수 있다. 영국 국제전략문제연구소(IISS)에서 발표한 자료에 근거해 남북한 군사력을 양적으로 비교해보면 다음 표와 같다.

남북한 주요 군사력 비교

구분		한국	북한	비율
병력	전체	625,000명	1,280,000명	1 : 2
	육군	490,000명	1,100,000명	1 : 2.2
	해군	70,000명	60,000명	1 : 0.9
	공군	65,000명	110,000명	1 : 1.7
	전략군		10,000명	
주요 무기	전투용 전차	2,514대	3,500대	1 : 1.4
	야포	11,067문	21,100문	1 : 1.9
	전투함정	129척	385척	1 : 3
	잠수함정	24척	53척	1 : 2.2
	전투기	541대	545대	1 : 1
	예비대	3,100,000명	6,300,000명	1 : 2

출처: IISS, *The Military Balance 2018* (IISS, 2018), pp. 274-281.

더욱 우려되는 것은 북한의 기습공격으로 한국군이 공황상태에 빠질 가능성이다. 6.25전쟁의 경우에도 탱크 2대가 서울에 진입함으로써 무질서한 철수가 시작되었듯이 북한군의 기습과 신속한 서울 점령은 한국 국민은 물론이고, 군도 와해시킬 수 있다. 20만 명에 달하는 북한의 특수전 부대가 정부의 핵심시설을 장악한 상태에서 대규모 지상군이 파주, 철원, 문산 지역으로 기습공격해 하룻밤 사이에 서울을 점령할 수도 있다. 군사전문가들이 2018년 9월 19일 군사합의를 우려하고 있는 가장 핵심적인 이유이다.

군사합의 이행을 위해 철원 지역에는 유해발굴을 위해 지뢰가 제거된 상태에서 12미터 폭의 도로가 연결되어있고, 김포 북쪽 한강 하구는 하천상태에 대한 정보를 공유하는 등 민간 이용 과정에서 취약점이 발생하고 있다. 파주-문산 지역에는 화학무기를 사용해 한국군을 제압할 수 있다.

북한에 비해 남한의 재래식 군사력을 강하게 평가하는 자료들의 대부분은 국방비의 비중을 높게 반영하고 있다. 그러나 북한의 경우 군대 사체가 자급자족하거나 영리활동을 하고 있어 국방예산만으로 국방비 규모를 비교할 수는 없다. 값싼 인건비나 물가 등으로 북한의 국방비 효과가 클 수 있고, 무엇보다 북한은 공격력에만 집중적으로 투자할 수 있다.

국방비는 투입(input)요소라서 전투력으로 전환되어 나오는 데 시간이 소요되기 때문에 단기 속결전에서는 산출(output)로 나타난 무기, 장비, 현역의 전투력이 결정적일 수 있다. 북한은 초기 주도권을 장악할 것이라서 그들의 약점은 회피한 채 강점을 극대화하는 전략과 전술을 사용할 것이다. 실제로 북한은 '3일 전쟁' 또는 '7일 전쟁'으로 속전속결전을 추구하고 있다.

더욱 중요한 것은 핵무기가 북한 재래식 전력의 효과를 강화한다는 사실이다. 한국은 북핵으로 인해 과감한 반격작전을 주저해야 하고, 부대들을 분산시켜야 하며, 전투 효율성을 저하시키는 방호장비를 다수 사용해야 하는 데 반해, 북한은 핵무기를 믿고 과감한 공세작전을 펼치면서 군사작전을 주도할 수 있기 때문이다. 핵무기로 인해 북한 군사력의 양적 우위가 더욱 위력을 발휘할 수 있다.

14
결국 우리도 핵무기를 보유해야 하는 것 아닌가?

이론적으로 볼 때 핵공격 억제를 위해서는 핵균형이 필수

자체 핵무기 개발은 국제제재, 한미동맹 해체 가능성 등으로 위험

미 핵무기를 한국에 전진배치할 경우
확장 억제의 신뢰성 증대, 북한의 비핵화 협상 촉진 가능하나,
미국과 국민의 동의 여부가 관건

일본까지 포함하는 아시아판 '핵공유' 체제 구축이 최선의 대안임은 분명

지금까지 모든 군사전문가들이 동의하는 자명한 결론은 핵무기는 핵무기로 억제하는 수밖에 없다는 사실이다. 북한이 핵무기를 포기하지 않으면 우리도 핵무기를 보유해 균형을 맞춰야 '공포의 균형(balance of terror)'을 통해 억제가 보장될 것이기 때문이다. 지금은 '핵우산'이라는 명칭으로 미국의 핵무기를 빌려서 억제하고 있지만, 북한의 핵능력이 강화될수록 그 신뢰성은 낮아질 수밖에 없다.

이론적으로 최선의 핵균형 방법은 한국이 핵무기를 자체적으로 개발하는 것이다. 한국은 상당수의 원자력 발전소를 보유 및 운영하고 있고, 관련 기술도 높은 편이어서 마음만 먹으면 핵무기 개발이 가능할 수도 있다. 다만, 한국은 사용 후 핵연료봉의 재처리나 우라늄 농축을 포기한 상태라서 이를 위한 시설을 새롭게 지어야 하고, 그러는 과정에서 기술적으로 극복해야 할 장애도 발생할 것이며, 무엇보다 핵확산 행위가 되어 심각한 국제적 제재를 감수해야 한다.

미국의 자제요청을 무시하고 핵무기 개발을 추진할 경우 한미동맹 자체가 붕괴될 수 있고, 그러할 경우 한국은 핵무기를 제조할 때까지 미국의 핵우산 없이 북한의 핵 위협에 무방비로 노출되는 상태가 된다. 따라서 핵무장론을 주장하는 것과 국가의 정책으로 채택하는 것은 매우 다르고, 차선책으로 미국의 핵무기를 냉전시대처럼 전진배치하는 방안을 논의하고 있는 것이다.

미 핵무기의 전진배치에 관한 논의는 미국 핵우산의 본질적인 불확실성에 기인한다. 한국이 핵공격을 받았다고 해서 미국이 핵무기로 응징보복한다는 결정이 약속처럼 쉽게 이행되지는 않을 것이기 때문이다. 특히 북한이 미국의 본토를 공격할 수 있는 ICBM이나 잠수함발사 탄도탄(SLBM)을 보유하게 되면 미국은 "서울을 지키기 위해 뉴욕을 위태롭게 해야 할 것인가?"를 고민하지 않을 수 없다. 그래서 미국은 '핵공유(nuclear sharing)'라는 개념하에 유럽에 수백발의 핵무기를 배치해두면서 나토 동맹국들로 하여금 핵무기 사용

계획과 실행에 동참하도록 허용하고 있다.

미국의 핵무기를 한국에 전진배치할 경우 북한은 더욱 강력한 핵무기를 개발할 것이고, 그렇게 되면 한국에 대한 핵 위협이 더욱 커질 수도 있다. 북한에게 선제공격의 유혹을 느끼게 할 수 있고, 중국과 러시아의 강력한 반발도 예상된다. 핵전쟁의 가능성을 높일 수 있다면서 일부 국민들이 격렬하게 반대할 것이고, 결국 말만 꺼낸 채 실행하지 못할 수도 있다. 그렇다고 미국의 핵우산만 믿은 채 북한의 핵 위협에 무방비인 상태를 방관할 수 없는 것도 사실이다. 실제로 미국의 핵무기를 전진배치할 경우 미 핵우산의 불안성이 크게 보완되어 억제효과가 커질 것이고, 남북한의 핵무기 불균형을 단기간에 손쉽게 시정할 수 있다. 미 핵무기의 전진배치 여부는 북한과의 비핵화 협상에서 효과적인 교환조건일 수 있고, 한국의 자체 핵무장 논의를 자제시킴으로써 한미동맹의 균열을 예방할 수 있다.

다만, 확신하기 어려운 것은 미국의 동의 여부로서, 핵무기를 한국에 배치할 경우 미국은 한반도의 사태에 더욱 심각하게 연루되어 전략적 융통성을 줄이는 결과가 되고, 무엇보다 중국이나 러시아와 심각한 대결을 각오해야 할 가능성이 높다. 다만, 한국이 수용해 배치할 수만 있다면, 동북아시아에 더욱 강력한 억제수단을 보유하는 결과가 되고, 유럽의 경우처럼 핵사용에 대한 미국의 부담을 한국과 분담해 경감시킬 수가 있으며, 무엇보다 안보공약 준수에 대한 미국의 확고한 의지를 과시함으로써 동맹국 간의 결속을 강화할 수 있다.

추가적으로 고려할 필요가 있는 사항은 미 핵무기의 전진배치에 일본도 참가시키는 방안이다. 한국은 국토가 협소해 북한의 핵미사일로부터 안전한 배치장소가 없을 가능성이 높기 때문이다. 대신에 일본은 한국보다 국토가 넓어서 안전한 장소가 많고, 북한으로부터 이격되어 탄도미사일 방어가 효과적이다. 일본을 포함할 경우 미국이 동의할 가능성이 높아지고, 필리핀과 호주까지를 포함하는 아시아판 '핵공유' 체제로 확대시킬 수도 있다. 일본에는 응징보복용으로 위력이 큰 핵무기를 보유하고, 한국에는 북한군 기습공격 대비용으로 소형의 핵무기를 배치하는 등 역할분담도 가능하다.

15
우리 정부는 북핵에 제대로 대응해왔나?

 # 정부의 핵심과제는 정확한 위협평가와 효과적인 대응전략 수립 및 시행

 # 북핵 문제는 미국 등에 맡긴 채 한국 정부는 남북관계 개선에만 몰두

 # 북핵 억제를 위해서는 한미동맹이 필수적임에도 균형외교로 동맹 약화, 중국과의 소득 없는 관계 개선 노력

 # 총력방위태세는 고사하고, 아직도 북핵 위협의 심각성과 그에 대한 정부의 역할을 자각하지 못하고 있는 상황

 # 한말의 조선 정부처럼 '연작처당'으로 비판받을 가능성

정부는 국가의 제반 역량을 통합하는 주체로서, 안보의 경우 국가에 대한 위협을 평가하고, 효과적인 전략을 구상해 대처하게 된다. 이어서 이 전략을 구현하기 위한 구체적인 수행계획을 수립해 시행하고, 위기나 전쟁을 종결시킨 후 평시로 복귀하기 위한 방안을 고심하게 된다. 그러나 북한이 핵무기를 개발할 동안 한국 정부는 위협 자체를 심각하게 인식하지도 않았고, 대비계획을 제대로 수립하지도 않았다. '미북 제네바 합의'와 6자회담 등 미국의 주도적 노력에 의존하면서 남북관계의 개선에만 치중했다. 북한과의 화해협력을 중시한 김대중 정부와 노무현 정부는 말할 필요도 없고, 이명박 정부와 박근혜 정부도 "비핵 3000"이나 "한반도 신뢰 프로세스"라는 명칭으로 절박한 위기의식 없이 북한을 경시했으며, 현 문재인 정부도 크게 다르지 않다.

북한의 핵무기에 대한 기본적인 대응책은 억제책인데, 우파와 좌파의 정부별로 다소 온도차는 있지만, 대체적으로 한미동맹을 당연시한 채 강화노력은 등한시했고, '균형외교'라는 명분으로 중국과의 관계개선에 노력했다. 이로써 한미동맹이 점점 형식화되고, 중국과의 관계에서는 아무런 소득도 올리지 못해 외교가 혼란에 빠지게 되었다. 북한이 핵무기 실험을 지속했음에도 한국은 미 핵우산을 강화하는 대신에 한미 연합사령관이 행사하는 전시 작전통제권을 환수해 자주성을 강화하는 일에 더욱 몰두해왔다. 미국에게 더욱 큰 책임을 지워 핵우산의 확실성을 강화해야 할 상황임에도 한미연합사령부를 한국군 주도로 재편함으로써 미군을 지원역할로 격하시키고자 노력하고 있는 것이다.

북핵에 관한 군사적 대응책에는 모든 정부들이 소극적이었다. 1994년 미국이 영변의 핵발전소를 폭격하고자 할 때 한국 정부는 결사적으로 반대했고, 반미세력의 반대가 무서워 탄도미사일 방어에 관한 선도국이면서 동맹국인 미국과 제대로 협력하지도 못했다. 전혀 근거 없는 루머에 휘둘려 미군의 사드(THAAD) 배치를 3년 가까이 지체했고, 지금도 제대로 활용하는 상태가 아니다. '킬 체인(Kill Chain)'이라는 명칭으로 공격 징후가 발견될 경우 30분 이내에 북한의 핵미사일을 파괴시킨다는 개념은 정립해 추진했지만, 그에 필수적인 정확한 정보 수집을 위한 무기체계의 확보는 계속 지연되고 있다. 한때는 '한국형 응징보복(KMPR)'이라는 명칭으로 북한이 핵공격을 감행할 경우 북한 수뇌부를 참수(decapitation)한다는 개념도 정립했지만, 시간이 지나면서 구현 노력은 흐지부지되고 있다.

심각한 위협이 대두될 경우 정부가 최우선적으로 노력해야 할 사항은 총력방위태세의 확립이지만, 역대 정부는 냉전시대에 확립된 총력전 태세를 계속적으로 이완시켜왔을 뿐 핵 위협에 대응해 강화시킨 바는 없다. 국민들에게 북핵 위협의 심각성을 이해시키기 보다는 남북관계 개선을 통해 해결의 희망을 주는 데 치중했고, 최악의 사태에 대비한 핵민방위는 거론조차 하지 않았다.

더욱 심각한 것은 북한이 수소폭탄과 ICBM까지 개발한 상태에서 미국과 한국의 운명을 흥정하고 있는 현 상황에서도 한국 정부는 문제점을 제대로 진단하거나 파악하지 않고 있고, 여전히 안일한 자세라는 사실이다. 북핵은 미국과 북한이 해결해야 하는 일로 인식하고 있고, 국제사회가 경제제재로 북한을 압박하고 있는데, 한국 정부는 오히려 경제제재의 틈새를 찾아서 북한을 지원하고자 노력하고 있다. 핵우산에 필수적인 미국과의 동맹관계를 소홀히 하고 있을 뿐만 아니라 우방국인 일본과는 감정적 대결에서 벗어나지 못하고 있다. 임진왜란, 한말(韓末), 6.25전쟁 직전의 상황과 너무나 유

"스스로가 위험하다는 것도 모르다니…"

사한 모습이 재현되고 있다. 정부가 군의 북핵 대응태세를 자제시키고, 군을 축소하며, 군을 점점 정치화하고 있다.

한말 주(駐)일본 중국외교관이었던 황준헌(黃遵憲, 1848-1905)은 당시 조선 정부의 위협 인식과 대응이 너무나 안일하다고 판단해 《조선책략》(朝鮮策略)이라는 책을 만들어 조언하면서, '연작처당(燕雀處堂)'이라는 말로 자신이 사는 집이 불타는 줄도 모르고 떠들어대고 있는 제비와 참새에 조선을 비유했다. 그가 현재의 한국 정부를 본다면 똑같은 진단을 내릴 가능성이 높다.

16
한국군은 북핵에 제대로 대비해왔는가?

1990년대와 2000년대 초반까지는 북핵 위협을 제대로 식별

2006년 '국방개혁 2020'을 추진하면서 정부의 방침에 부응해 대미 자주성 확보에 초점을 둔 채 북핵 위협의 식별과 대비에는 소홀

박근혜 정부는 '3축 체계'라는 이름으로 '킬 체인, KAMD, KMPR'을 추진해왔으나 최근에는 비핵화에 대한 기대를 바탕으로 이마저도 소극적으로 추진

군의 사명의식과 전문성 부족으로 인해 군의 주도적 북핵 대비노력 실종

북한이 핵무기를 비밀리에 개발하던 1990년대까지 한국군은 북한의 핵무기 개발을 예의주시하면서 나름대로 북핵 수준을 정확하게 파악하고자 노력했다. 그때 이미 군은 북한이 1~2개의 초보적 핵무기를 보유하고 있다고 식별하기도 했다. 그러나 1998년부터 2007년까지 북한과의 화해협력에 치중하는 김대중 정부와 노무현 정부가 집권함에 따라서 군이 북핵 위협을 강조하기 어려웠고, 대비노력을 강화하기도 쉽지 않았다. 예를 들면, 북핵 위협이 예상될 경우 가장 장기적으로 추진되어야 할 사항은 탄도미사일 방어인데, 두 정권에서 적극 추진을 거부함에 따라 하층방어로만 제한된 불충분한 방어망을 한국의 독자적 역량으로 구축하고자 했고, 따라서 구축 속도와 완전성이 매우 미흡해졌다. 그래도 1999년부터 2006년의 《국방백서》에서 북한이 "한두 개의 초보적인 핵무기" 생산 능력을 보유하고 있다는 사실을 기술하는 등으로 군 내부에서는 북핵 위협과 그 잠재적 심각성을 인식하고 있었다.

이해하기 어렵지만 북한이 제1차 핵실험을 실시한 2006년부터 추진된 '국방개혁 2020'에는 북핵에 대한 위협인식과 대비가 제대로 포함되어있지 않았다. 북핵과 같은 잠재적 위협에 대비하기 위한 목적이 아니라 한미연합사로부터 전시 작전통제권을 환수해 자주적 국방태세를 강화하기 위한 목적으로 국방개혁을 추진했기 때문이다.

따라서 2006년 북한이 제1차 핵실험 후 발간한 《2008 국방백서》부터는 북한이 추출한 플루토늄 양만 언급할 뿐 이전 국방백서들에 포함되었던 핵무기 제조 사실은 제외되었고, 이것이 2018년 국방백서까지도 연결되었다. 그동안 한국군은 '국방개혁 2020 기본계획' '국방개혁 2020 기본계획 수정(안)' '국방개혁 307계획' '국방개혁 기본계획 12-30' '국방개혁 기본계획 14-30' '국방개혁 2.0' 등 정권이 바뀔 때마다 국방개혁 방향을 수정했지만, 어느 계획도 북핵 대비로 중점을 전환하지는 않았다.

박근혜 정부에 들어서 '3축 체계'라는 명칭으로 '킬 체인(Kill

Chain), 한국형 미사일방어(KAMD), 한국형 응징보복(KMPR)'을 강화함으로써 북핵 대비의 체계성을 강화한 적이 있고, 그것이 현재까지 한국군 북핵대응 노력의 근간으로 작용하고 있다. 그러나 북한이 2017년 수소폭탄을 개발했음에도 현재의 국방부는 '국방개혁 2.0'이라는 명칭하에 남북한 긴장완화와 평화정착의 시대에 부합되는 군대로의 발전을 지향하고 있고, 따라서 군의 북핵 대비태세는 그다지 향상되지 못하고 있다.

'3축 체계'를 중심으로 한국군의 북핵 대비능력을 평가해보면, 우선 '킬 체인'으로 대표되었던 선제타격 역량의 경우 탐지 후 30분 이내에 북한 핵미사일을 타격한다는 개념하에 F-35 스텔스 전투기를 도입하는 등 노력해왔지만, 북한의 핵무기 사용 징후를 정확하게 파악하거나 확정하는 데 필요한 정보역량이 미흡하다는 한계가 상존한다. 탄도미사일 방어의 경우 하층(下層)방어로는 과거 독일로부터 도입한 대항공기 요격용 PAC-2를 대미사일 요격용 PAC-3로 개량해왔고, 상층(上層)방어로는 미군의 사드를 배치해두었지만, 모든 도시를 보호할 수 있는 수준은 아니다. L-SAM, M-SAM이라는 명칭으로 자체 요격미사일을 개발하고 있지만, 충분한 숫자나 성능을 구비하려면 상당한 시간과 기술의 개발이 필요하다.

자체 응징보복력의 경우 2017년 12월 1일부로 이를 위한 부대를 창설하고, 현무 미사일의 성능을 개량하면서 벙커 공격용 특수탄도 도입하고 있다. 그러나 문재인 정부에 들어서면서 이러한 노력은 점점 소극화되고 있다. 또한 한국군 스스로의 역량이 미흡하면, 한미연합 북핵 억제 및 방어전력을 대폭적으로 강화해야 하지만, 대미자주를 강조하는 정부의 성향으로 인해 한국은 그렇게 하지 못하고 있다.

정부의 방침을 따라야 한다는 불가피성도 있지만 이상할 정도로 한국군은 북핵 위협에 제대로 대비하지 않아 왔다. 다양한 이유를 열거할 수 있으나 군 간부들의 사명의식과 전문성 부족이 가장 근본적 취약점일 수 있다. 그 결과 행정부마다 대대적인 국방개혁을 추진했지만 국민들의 불안감은 해소되지 않고, 북핵 위협과 한국군 대응대세 사이의 격차는 오히려 벌어졌다.

17
북핵 대비 소홀에 국민은 책임이 없는가?

 # 정부와 군대의 북핵 대비태세 미흡은 근본적으로 국민의 책임

 # 핵전쟁에서 승리하려면 사회의 단결과 국민들의 결의가 긴요

 # 북핵 위협 인식, 결의, 민방위에 관한 한국 국민들의 자세 미흡

 # 핵전쟁에서도 자신과 가족을 보호할 수 있는 핵민방위 조치 필요

자유민주주의 국가의 주인은 국민이기 때문에 정부나 군이 북핵 대비에 미흡하다면 국민들도 책임으로부터 자유로울 수 없다. 정부와 군에게 필요한 대비조치를 강구하도록 제대로 요구하지 않았다고 봐야 하기 때문이다. 언론과 지식인들이 올바른 방향으로 국민여론을 인도하지 못한 책임도 적지 않을 것이다. 특히 핵미사일은 도시에 거주하는 국민들을 제1차적 표적으로 삼고 있다는 점에서 국민들도 북한의 핵 위협 정도, 정부와 군대의 대비태세 수준에 대해 지속적이면서 상당한 관심을 가져야 했다.

지금까지 인류의 전쟁은 대부분 그 당시의 기준으로는 총력전이었겠지만, 현대의 핵전쟁은 그 어느 전쟁보다 더욱 총력적일 수밖에 없다. 핵공격을 받으면 국가가 초토화되고, 국민들은 절멸될 것이기 때문이다. 따라서 핵전쟁을 억제하거나 방어하는 데 필요하다면 어떤 가용한 국가자원도 예외 없이 사용되어야 한다. 특히 죽음을 각오하고 맞서 싸우겠다는 국민들의 결의가 절대적으로 필요하다. 영국의 군사 역사학자인 하워드(Michael Howard)는 핵전쟁일수록 사회적 단결(social unity)과 정치적 결의(political resolve)가 더욱 결정적이라고 분석하고 있다.

북핵 위협에 대한 한국 국민들의 인식부터 철저하지 못한 점이 있었다. 경제적 격차를 이유로 북한의 핵개발 가능성부터 낮게 평가했고, 핵무기 개발 이후에도 동일민족임을 고려할 것이고 미국으로부터 자신을 지키려는 수세적인 목적에만 사용할 것이라면서 위협의 엄중함을 회피해왔다. 위협을 강조하는 정치인, 언론, 지식인보다는 낙관적 전망을 내리는 인사들에게 국민들은 더욱 공감했다. 어느 외국 언론에서는 한국 국민들의 북핵 위협 회피 행태를 '타조'에 비유한 적도 있다.

한국의 경우 우파와 좌파의 정권별로 이념이 매우 달랐고, 그에 따라 북핵을 인식하고 접근하는 방향도 근본적으로 다른 모습을 보여왔다. 그래서 정권마다 북핵 대응방향은 극단으로 변모했고, 이에 따라 국론도 분열되면서 북핵 대비를 위한 황금시간(golden time)을 허비했다. 북핵 대응을 강조하면 '안보장사'로 매도되기도 했고, 미국

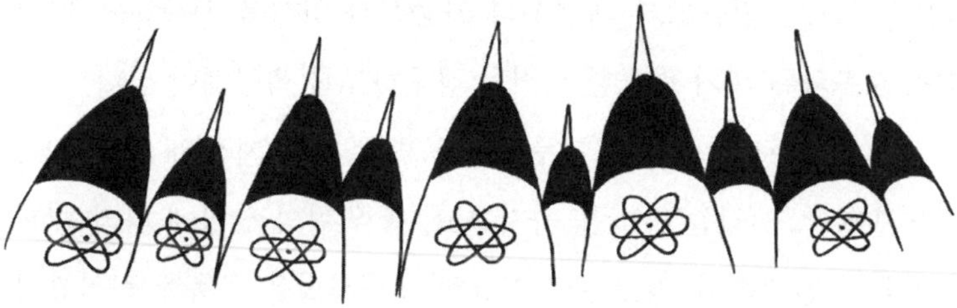

이 선제타격 방안을 검토하면 대부분 국민들이 일제히 반대하곤 했다. 심각한 북핵 위협에 처해 있으면서도 "한반도에서 전쟁은 안 된다"라는 말이 주문처럼 국민들 사이에 확산되어 공감을 얻고 있다.

북핵으로부터 국민들의 생명을 보호하기 위한 대피소 등의 조치도 제대로 강구되지 않고 있다. 북한이 수소폭탄까지 개발했음에도 재래식 민방위 수준에 여전히 머물러있고, 핵폭발을 위한 대피소 구축은 아예 말도 꺼내지 못하는 분위기이다. 일본의 도쿄나 미국의 하와이에서는 대피훈련을 실시했으나 한국에서는 핵민방위 훈련이 한 번도 실시되지 않았다. 2017년 8월 23일 민방공훈련을 실시하면서 행정안전부에서 핵대피 관련 팸플릿을 배포한 적은 있으나 일회용으로 끝나고 만 상태이다.

민주주의 국가의 주인은 국민이라는 점에서 이제 한국 국민들은 북핵 위협을 있는 그대로 냉정하게 인식하는 가운데, 북핵 대비를 위한 결의를 강화해야 한다. 북핵 위협으로부터 국가의 안전을 보장하고자 어떠한 위험과 희생도 감수하겠다는 결의를 보유 및 표명할 필요가 있다. 언론과 지식인들은 총력적 북핵 대비를 위해 국론을 결집시키고, 국민들에게 핵전쟁의 가능성과 양상을 정확하게 전파하며, 정부와 군대가 필요한 노력을 강구하도록 촉구해야 한다.

현실적으로 국민들은 핵무기가 폭발할 경우 자신과 자신의 가족을 보호할 수 있는 방법을 숙지하고, 핵 위협의 상황에 따라 대피방법을 잘 선택하며, 평소부터 필요한 대피시설을 구축해둘 필요가 있다. 북한의 핵무기 공격이라는 최악의 상황에서도 생존을 보장할 수 있는 최소한의 상식을 구비하고, 그에 따라 행동할 수 있어야 한다. 핵무기가 폭발할 경우 정부와 군대도 심각한 피해를 입어서 지원이 불가능하다는 인식하에 국민 자신과 가족의 보호는 스스로가 책임을 지고 대비해야 한다.

다른 나라는?

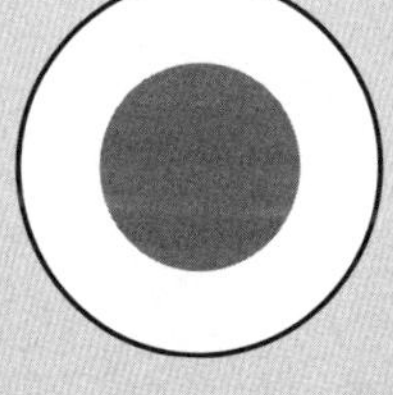

18
한미동맹 유지의 근본원리는 무엇인가?

 # 한미동맹은 비대칭 동맹으로서,
'자율성-안보 교환'(한국은 자율성을 양보하고 미국은 안보를 제공)이 본질

 # 미국은 핵우산을 포함하는 확장억제를 제공하고,
한국은 미국의 정책지지, 미군주둔 허용, 주둔비용 분담 등 자율성 양보

 # 북핵으로 인해 미국의 핵우산이 절실해짐에 따라
한국은 자율성 양보를 늘려야 할 상황

 # 일본의 미일동맹 관리 방식을 참고하면서 자존심과 감성보다는
지혜와 이성에 근거해 한미동맹 관리 필요

한미동맹은 강대국과 약소국 간의 비대칭 동맹(asymmetrical alliance)이다. 비대칭 동맹에서 강대국은 이미 막강한 군사력을 보유하고 있어서 약소국의 군사적 지원이 필요하지 않다. 그래서 '자율성-안보 교환(autonomy-security trade-off)'이라는 이론에 의하면, 강대국은 안보지원을 제공하는 대가로 약소국에게 다른 필요한 것을 요구하는데, 그것은 약소국의 '자율성'이다. 강대국은 약소국이 자신의 외교정책을 지지해주거나, 군사기지를 허용하거나, 주둔비용을 부담해줄 것을 요구한다. 이러한 거래관계는 서로에게 이익이기 때문에 대등한 국력을 가진 국가 간의 대칭 동맹(symmetrical alliance)에 비해서 비대칭 동맹이 오히려 견고하면서 오래 지속된다.

한국은 미국으로부터 확장억제(extended deterrence: 미국을 공격하면 대규모로 보복하겠다는 억제의 방식을 동맹국에 확장) 또는 핵우산(핵무기를 사용하는 확장억제를 강조하는 용어)을 제공받는다. 이것은 모든 미국 동맹국이 공통적으로 받는 안보지원이고, 북한이 한국을 공격하면 재래식 무기든 핵무기든 모든 수단을 동원해 미국이 대신 보복하겠다는 약속이다. '맞춤형 억제전략(tailored deterrence strategy)', '탐지(Detect) · 교란(Disrupt) · 파괴(Destroy) · 방어(Defend)'라는 '4D 개념'은 이러한 확장억제를 보장하기 위한 개념과 노력들이다.

대신 한국은 미국의 세계전략에 적극 호응하고, 국제사회에서 미국의 외교정책이나 입장을 지지하며, 주한미군의 주둔을 허용하고, 기타 미국이 요구하는 바를 가급적 수용해준다. 동맹국인 미국이 요청했다는 이유만으로 한국은 1960년대와 1970년대에 대규모 병력을 베트남에 파견했고, 미국이 주도하는 다양한 다국적 작전에 상당한 규모의 군대를 파견했다. 또한 방위비 분담이라는 이름으로 주한미군의 주둔비용을 1조 원 이상 지원하고 있다.

한미동맹이 오래 지속됨에 따라 일부 한국 국민들이 '자율성-안보 교환'을 중심으로 하는 한미동맹의 본질을 도외시한 채 자주를 강조하거나 미국의 세계 및 동북아 전략에 연루되지 않아야 한다고

주장하고 있다. 이들은 전시 작전통제권 환수를 주장하고, 주둔비용 분담에도 적극적이지 않다. 이들은 중국의 반대를 이유로 주한미군의 생존에 필수적인 사드의 배치를 3년 정도 지체시키기도 했다. 다수의 정부가 이들의 주장을 반영함으로써 자율성과 안보를 교환하는 한미동맹의 거래관계가 혼란스러워졌고, 따라서 한미동맹이 불안해지고 있다.

문제는 북한의 핵무기 개발로 인해 미국의 핵우산에 대한 한국의 요구는 더욱 절실해졌다는 사실이다. 미국의 핵우산 없이 한국이 북한의 핵 위협을 억제할 수 있는 방법은 없기 때문이다. 북한이 ICBM에 근접한 장거리 미사일에 수소폭탄을 탑재해 미국 본토를 공격할 수도 있게 되자 핵우산 이행에 대한 미국의 부담도 커졌고, 따라서 당연히 한국은 미국으로부터 방기(放棄, abandonment)될 가능성을 염려해야 한다.

일본의 대미동맹 관리 실태는 한국에게 유용한 참고사례일 수 있다. 일본도 한국과 유사하게 미국과 '자율성-안보 교환' 관계인데, 북핵 위협이 대두된 이후 일본은 그 관계에 더욱 충실한 모습이기 때문이다. 2015년 '미일방위협력지침'을 개정해 일본은 미군과 '동맹조정 메커니즘'을 설치함으로써 자국 군사작전에 대한 미군의 개입을 증가시켰고, 탄도미사일 방어에 관해서도 하나의 작전통제소로 통합한 상태이며, 미군의 주둔비용 분담에 관해서도 불협화음을 거의 노출시키지 않고 있다.

북한의 핵능력이 고도화될수록 대미동맹에서 한국이 자주를 강조하는 것은 위험하다. 미국에게 핵우산을 이행하지 않아도 되는 구실을 제공할 수 있고, 북한도 핵우산의 이행을 의심할 수 있기 때문이다. 앞으로 한국은 대미관계에서 자존심보다는 지혜, 감정보다는 이성에 의존해야 한다. 자존심을 희생해 국가의 안전을 보장할 수 있다면 가장 적은 희생으로 가장 큰 것을 얻는 일일 것이다.

19
미국 핵우산의 신뢰성은 어느 정도인가?

한국의 전략적 가치, 연루의 위험, 중국과 러시아의 반응, 국내여론, 다른 동맹국에 대한 영향 등을 종합적으로 판단해 미국은 핵우산 이행 여부 결정

한국의 전략적 가치가 핵전쟁 위험을 상쇄할 만큼 미국에게 '사활적'으로 인식될 확률은 낮은 편

나토, 일본 등 다른 동맹국에 미칠 영향으로 인해 미국이 핵우산의 이행을 쉽게 거부하기 어려운 측면 존재

북핵 위협이 심각할수록 미국이 느끼는 한국의 가치를 고양하기 위한 다양한 조치 강구 필요

국제사회는 기본적으로 무정부(anarchy)라고 평가될 정도로 절대적 심판관이 없이 서로의 이익과 힘이 결과를 좌우한다. 따라서 미국이 결정적인 순간에 핵우산의 약속을 이행하지 않더라도 한국으로서는 어쩔 수가 없다. 미국의 입장에서 핵우산을 이행한다는 것은 핵전쟁을 각오하는 사항이라서 결정이 쉽지 않기도 하다. 핵우산을 이행하려면 미국은 한국의 가치가 핵전쟁을 감수할 정도로 크다고 평가해야 할 것이고, 이 외에도 연루의 위험, 다른 동맹국에 대한 영향, 국내적 요소, 중국과 러시아라는 경쟁국의 반응 등을 고려할 것이다. 북핵 위협이 심각해질수록 한국은 미 핵우산의 이행 가능성을 면밀하게 평가하고, 가능성을 높이기 위한 조치를 강구하든지 아니면 자체적인 억제 및 방어태세를 강화해나가야 한다.

미국이 평가하는 한국의 전략적 가치가 어느 정도일지 판단하기는 어렵지만, 역사적 사례를 보면 핵전쟁을 각오해야 할 정도라고 확신하기는 어렵다. 6.25전쟁 직전 미국은 그의 태평양 방어선에서 한국을 제외했고, 냉전기간에도 닉슨 대통령, 카터 대통령, 부시 대통령이 주한미군의 철수를 추진한 적이 있다. 최근 중국과 미국의 대결관계가 심화됨에 따라 한국의 전략적 가치가 상승했을 개연성은 있지만, 핵전쟁을 각오할 정도라고 평가하기는 어렵다. 7함대사령부와 5공군사령부를 포함해 5만 명 정도의 미군을 주둔시키고 있고, 미국 서태평양 방어의 요충인 일본과 미국이 긴밀한 동맹관계를 유지하는 한 '사활적(vital) - 극히 중요(extremely important) - 중요(just important)'의 기준에서 한국이 사활적 가치이기는 어렵다.

대신에 미국이 핵우산을 제공할 경우 한국의 핵전쟁에 연루(entrapment)될 가능성과 그 위험은 낮지 않다. 동북아시아 및 서태평양 지역에 배치된 미군이 북한 핵미사일의 사정거리 내에 있고, '화성-15형'은 본토 타격을 위한 잠재력을 구비하고 있다. 더욱 심각하게는 미국이 핵우산을 이행할 경우 중국과 러시아와의 대규모 핵전쟁으로 비화될 가능성도 배제할 수 없다. 미국 트럼프 대통령이 '미

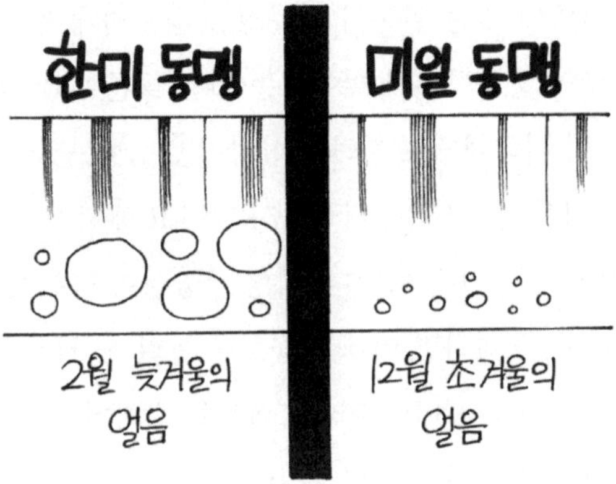

국 우선주의(America First)'를 구호로 당선되었듯이 최근 미국의 국내 여론은 타국의 일에 미국이 개입하는 것을 반기지 않는다. 1973년 통과된 전쟁권한 결의안(War Power Resolution)으로 인해 "미국, 미국 영토, 소유물, 또는 미국 군대에 대한 공격으로 인해 형성된 국가 비상사태" 이외에는 미 의회의 승인을 받아야 한다는 점에서 미 대통령의 즉각적인 핵우산 이행은 쉽지 않을 수 있다.

미국의 핵우산 결행을 요구하는 중요한 요소는 한국 이외 다른 미국 동맹국에 대한 영향일 수 있다. 한국에게 약속한 핵우산을 이행하지 않으면 나토의 28개국, 한국, 일본, 필리핀, 태국, 오스트리아 등 33개국에 달하는 동맹국이 미국의 안보공약을 불신하게 되면서 미국의 지도력이 급격히 약화될 것이기 때문이다. 적대세력들 역시 미국의 안보지원 의지가 약화된 것으로 해석해 도발할 가능성이 높아진다. 특히 한국에 대해 미국이 핵우산을 이행하지 않으면 동일한 북핵 위협하에 있는 일본이 핵무장을 검토하게 될 것이고, 그렇게 되면 미국의 영향력에서 벗어나는 것은 물론이고, 제2차 세계대전에서와 같이 미국에게 도전하는 상황이 발생할 수도 있다.

미국의 핵우산이 100% 확실하지 않다고 해서 미국과의 동맹관계가 불필요하다는 것은 아니다. 이행 가능성이 불확실해도 억제효과는 적지 않고, 노력하면 이행 가능성을 높일 수 있기 때문이다. 한국은 다양한 분야에서 미국과의 호혜성을 강화하거나 미국의 대중국 전략에 적극 협력하거나 한국 · 미국 · 일본 간의 안보협력 관계를 강화함으로써 미국이 인식하는 한국의 전략적 가치를 높여야 한다. 주한미군의 역할과 가치를 존중하고, 그에 대한 지원을 아끼지 않음으로써 미국이 최소한의 투자로써 최대한의 안보적 이익을 얻고 있다고 생각하게 만들고, 이로써 자국에 대한 위험을 감수해서라도 한국을 보호하도록 만들어야 한다. 자주국방과 한미동맹의 병행과 조화야말로 한국이 가장 깊게 고민해야 할 중요하면서도 어려운 과제라고 할 것이다.

20
북한이 세계 최강의 미국에 도전한다고?

최소억제, 신뢰적 최소억제 전략의 개념에 의하면 잃을 것이 거의 없는 북한은 잃을 것이 많은 미국에게 도전 가능

미국에게는 북한을 초토화시키는 것보다 자국의 1개 도시가 핵공격을 받는 것이 더욱 감수하기 어려운 일이고, 따라서 이것이 약점

이미 북한은 신뢰적 최소억제 전략에 근거해 위 약점을 활용해 미국에게 흥정을 제의

한국은 자체적인 북핵 억제 및 방어대책 구비에 더욱 분발해야 할 상황

당연히 미국과 북한은 국력은 물론이고, 군사력 특히 핵전력에서 상대가 되지 않을 정도로 차이가 크다. 그러나 미국에게 약점이 없는 것은 아니다. 미국은 잃을 것이 많고, 북한은 잃을 것이 적다는 것이다. 북한은 초토화를 두려워하지 않을 수 있지만, 미국은 1개 도시에 대한 핵공격도 감수할 수가 없다. 이론적으로 이것을 최소억제(minimal or minimum deterrence)라고 하는데, 영국과 프랑스는 각각 200~300개 정도의 핵무기를 보유하고 있을 뿐이지만 생존성이 월등한 잠수함에 탑재해 운영함으로써 미국과 러시아에 수 개 도시의 파괴를 감수할 것 같으면 자신을 공격하라고 위협하고, 이로써 그들의 핵공격을 억제하고 있다.

어떤 상황에서도 핵보복 공격이 가능한 핵탑재 잠수함을 보유하지 못한 상태에서 최소억제의 효과를 달성하고자 핵무기 사용의지를 노골화하는 것을 '신뢰적 최소억제(credible minimum deterrence)'라고 한다. 인도와 파키스탄이 만든 용어로서, 2018년 신년사에서 북한이 "핵 단추가 내 사무실 책상 위에 항상 놓여있다는 것이 위협이 아닌 현실"이라면서 미국을 위협한 것처럼 사용 가능성을 과시함으로써 강대국의 핵공격을 억제하는 개념이다. 따라서 북한은 신뢰적 최소억제 전략을 구사해 미국이 핵우산을 이행하지 못하도록 하거나 평소에도 주한미군 철수와 한미동맹 폐기를 요구할 수 있다. 북한이 수소폭탄과 장거리 미사일 시험발사에 성공한 이후부터 주한미군 철수 주장이 더욱 빈번해지고 있는 근거이다.

미국이 탄도미사일 방어체제의 수준을 더욱 높일 경우 북한의 최소억제 또는 신뢰적 최소억제는 작동하지 않을 수 있다. 미국은 미 본토를 방어하기 위한 지상요격미사일을 44기 배치하고 있을 뿐만 아니라 앞으로 그 수와 질을 계속적으로 향상해나간다는 계획이다. 북한이 아직 ICBM의 개발에 확실하게 성공한 것도 아니고, 핵무기 숫자가 제한되기 때문에 미 본토에 대한 북핵 미사일의 공격

가능성은 낮다.

그러나 북한과 접경한 한국에 28,500명 규모의 주한미군이 주둔하고 있고, 주일미군이 집중적으로 주둔하고 있는 오키나와(평양에서 1,500km), 미군의 영토이면서 주요 군사기지인 괌(3,400km), 알래스카(6,000km), 하와이(7,600km)는 이미 북한 핵미사일의 사정거리 내에 있다. SM-3 해상요격미사일과 사드로 괌, 알래스카, 하와이를 방어할 수는 있겠지만, 완벽성을 장담할 수는 없다. 따라서 북한의 최소억제 또는 신뢰적 최소억제 전략은 충분히 기능할 수 있고, 북한이 핵능력을 강화할수록 그 위력은 커질 것이다. 이미 2019년 신년사에서 김정은은 미국이 제재와 압박을 지속할 경우 "새로운 길"을 선택할 수 있다고 협박하면서 "상호 유리한 종착점"을 언급함으로써 오히려 미국에게 채찍과 당근을 동시에 제시하고 있다. 특히 2019년 2월 하노이 미북 정상회담이 결렬됨에 따라 북한이 도발을 선택할 가능성도 높아졌다.

이제 한국은 구조적으로 한미동맹이 심각한 위기 상황으로 진입하고 있다는 사실을 직시하지 않을 수 없다. 미국은 스스로가 위험한 상황에 처하게 될 경우 한국을 지원해줄 여력이 없어질 것이기 때문이다. 따라서 한국은 탄도미사일 방어체제의 조기 구축으로 북한의 핵 위협에 대한 주한미군의 위험성을 최소화해주기 위한 노력을 경주해나갈 필요가 있다. 동시에 미국의 핵우산 제공이 어려울 수 있다는 우려를 바탕으로 자체적인 북핵 억제 및 방어노력에 더욱 집중해야 할 것이다. 선제타격과 탄도미사일 방어는 당연한 사항이고, '한국형 대량보복(KMPR)' 개념과 같이 우리도 신뢰적 최소억제를 역으로 적용해 북한이 핵무기로 공격할 경우 수뇌부를 비롯해 북한이 가장 소중하게 생각하는 몇 개의 표적을 반드시 파괴하겠다는 점을 명시할 필요가 있다.

21
중국은 한국을 도와줄 것인가?

중화사상과 사대관계에 의한 역사 속에서의 한중관계는 '자율성-안보 교환' 관계

한국은 '균형외교'를 희망하면서 2008년 중국과 '전략적 동반자 관계' 체결: 한국은 안보지원 기대, 중국은 사대관계 복원 기대

'균형외교'는 한중관계 개선 없이 한미관계만 훼손한 실책으로 판명

안보는 한미동맹이지만 중국과의 경제협력은 가능함을 중국에게 확실하게 인식시키는 것이 중요

한국의 선조들은 중국과 국경을 인접한 상태에서 오랜 역사를 통해 깊은 관계를 유지해왔다. 고대에는 양국이 대등한 입장에서 투쟁하기도 했으나, 중국이 통일로 규모를 키워 강대국으로 성장하면서 한중은 강대국과 약소국의 관계로 정착되고 말았다. 조선이 명(明)과 청(淸)을 상대로 "작은 나라는 큰 나라를 섬기고(事大), 큰 나라는 작은 나라를 돌보아야 한다(字小, 事小)"는 중화사상(中華思想)을 수용하게 된 것이다.

조선은 왕과 세자의 책봉을 중국으로부터 승인받거나 조공(朝貢)을 바쳤고, 중국은 1592년 일본이 조선을 침략했을 때 군대를 보내어 지원하는 등 '자율성-안보 교환'의 관계가 작동되었다. 그러다가 1950년에 발발한 6.25전쟁에서 북한이 위기에 처하자 중국이 조선시대처럼 대규모 군대를 보내어 북한을 지원함으로써 북한과 중국은 '자율성-안보 교환'의 관계가 지속되었고, 한국과 중국은 적대적인 관계가 되었다.

냉전의 종식, 한국의 국력 신장, 노태우 정부의 '북방정책'으로 1980년대 후반부터 한중관계는 개선되기 시작했다. 특히 2003년 출범한 노무현 정부는 '동북아시아 균형자론'을 제기해 미국에 대한 '편승' 중심의 국가안보정책을 미중 사이의 '균형'으로 전환하고자 했고, 그에 따라 한중관계는 대폭적으로 개선되었다. 이명박 대통령은 취임 후 6개월이 지난 2008년 8월 25일 노무현 정부의 추진성과를 그대로 승계해 중국과 '전략적 협력 동반자 관계'를 체결했고, 박근혜 대통령은 2015년 9월 3일 중국의 전승절 행사에 미국의 동맹국으로서 유일하게 참석하기도 했다.

동반자 관계는 듣기는 좋지만, 명확한 실체가 있는 것은 아니다. 보통관계보다 조금 더 긴밀한 관계라는 수사(rhetoric)일 뿐 어떤 책임과 의무도 포함되어있지 않기 때문이다. 한국은 중국과 동반자 관계를 체결한 후 안보분야에서의 중국 지원도 기대했으나 중국은 북한이 한국의 군함인 천안함을 침몰시켰다는 사실이 국제적 조사에 의해 분명해졌음에도, 백주 대낮에 한국의 연평도에 포격하는 것

"적의 동맹이 어떻게 우방이 되노?"

이 텔레비전을 통해 생중계되었음에도 한국의 입장을 전혀 고려하지 않은 채 북한을 옹호했다. 사드의 배치에 관한 중국의 반대를 통해 드러났듯이 오히려 중국은 동반자 관계를 한국이 조선시대의 사대관계를 수용한 것으로 인식해 한국의 정책에 간섭하는 행태를 보여왔다.

한국의 경우 한미동맹에 대한 피로감과 이전 우파정권의 친미 정책방향에 대한 반발심 등이 작용해 좌파정권일수록 미국보다는 중국과의 관계에 더욱 신경을 쓰는 경향을 보였다. 그러나 중국은 한국이 휴전선을 사이에 두고 일촉즉발의 상태로 대치하고 있는 북한과 동맹관계이고, 한국과 강력한 동맹관계를 맺고 있는 미국과 전략적인 경쟁관계이다. 이러한 불가피한 구도로 인해 한국이 중국과의 관계 개선을 위해 각고의 노력을 기울였음에도 안보에 관한 중국의 지원을 받지 못했고, 오히려 미국관계만 훼손시키고 말았다. 중국과 한국은 위협을 공유하지도 않고, 상호 간의 보완적 이익도 크지 않아서 미국이 없어진다고 해도 안보협력이 증진될 수 있는 조건이 아니다. 중국과의 동반자 관계는 경제적, 사회적, 문화적 교류와 협력에 그칠 수밖에 없다.

한국은 안보 차원에서는 미국의 핵우산에 의존할 수밖에 없기 때문에 한미동맹을 훼손하지 않는 범위 내에서만 중국과의 협력을 추구할 수 있고, 그렇게 하겠다는 점을 중국과 미국에게 확실하게 인식시킬 필요가 있다. 그래야 중국도 과거 사대관계 복원과 같은 근거 없는 기대에서 벗어날 것이고, 미국도 한국을 의심하지 않을 것이기 때문이다. 한국과 중국이 상호관계의 한계를 분명하게 인식할 때 오히려 장기적이면서 지속적인 관계가 가능할 수 있다. 동반자 관계가 적대와 우호관계의 구분을 초월하기 위해 활용되기 시작했듯이, 한국과 중국은 안보사안에 관해서는 친구가 될 수 없지만 평화 시 상호 번영에 관해서는 충분히 친구가 될 수 있고, 그것이 한중관계의 성격이어야 할 것이다.

22
왜 중국은 사드 배치에 그렇게 반대했을까?

\# 사드는 북한 미사일 위협으로부터 주한미군을 보호할 목적으로 미군이 배치 추진

\# 반미감정 차원에서 국내에서 사드에 관한 다양한 루머가 발생했고,
이것이 중국에 전파.
이에 영향받아 시진핑 주석이 방한 시 배치 불허를 요청했고,
이로써 사드 배치 반대가 중국의 공식적 입장으로 설정

\# 사드 배치에 관한 박근혜 정부의 소극적 태도가 중국의 반대를 강화

\# 사드 배치 반대를 통해 중국은 과거 조선시대 사대관계를 시험

사드(THAAD: Terminal High Altitude Area Defense)는 미 육군이 보유하고 있는 탄도미사일 요격(邀擊, interception) 무기로서 무게 900kg, 길이 6.17m, 직경 34cm로 수송기로 운반되게 설계되어있을 정도로 크지 않다. 사거리가 200km로서 마하 8.24(초속 2.8km)의 속도로 비행해 공격해오는 상대방의 탄도미사일 몸체를 150km 고도의 상공에

서 직접 가격해 파괴하는 '직격(直擊)파괴(hit-to-kill)' 방식을 사용한다. 2014년 3월 북한이 노동미사일을 부양궤도(浮揚軌道, lofted trajectory)로 높게 발사하자 PAC-3로는 요격이 불가능하다고 판단한 주한미군은 본국에 사드의 배치를 요청했다. 그 사실을 2014년 6월 3일 한국국방연구원 주최의 조찬강연에서 스캐퍼로티(Curtis Scaparotti) 주한미군/한미연합 사령관이 언급함으로써 논란이 시작되었다.

사드를 둘러싼 논쟁은 국내의 일부 인사들이 사드를 배치하게 되면 한국이 미국 탄도미사일 방어망의 일부가 된다는 루머를 확산시킴으로써 시작되었다. 이들은 이전부터 미국의 탄도미사일 방어망은 세계 제패를 위한 제국주의적 책략이기 때문에 한국이 참여하면 동북아시아 세력균형을 해치게 된다고 주장했었다. 이들은 사드가 미국을 공격하는 중국의 ICBM을 요격할 수 있고, 그 레이더는 중국의 군사활동을 상당부분 탐지할 수 있으며, 한국이 그 배치를 허용할 경우 중국은 전쟁도 불사할 것이라고 과장했다. 이러한 사실이 언론을 통해 국민들에게 여과 없이 확산되었고, 이 논리로 쓴《싸드》(*THAAD*)라는 소설도 인기리에 판매되었다.

중국인들은 위와 같은 국내의 주장에 영향을 받아서 사드 배치를 경계하게 되었고, 이러한 내용은 시진핑 주석에게도 보고되어 그는 2014년 7월 한국을 방문하면서 박근혜 대통령에게 사드 배치를 허용하지 말 것을 요청한 것으로 보도되었다. 이로써 사드 배치 반대는 중국의 공식적 입장이 되었고, 한국을 방문하는 중국 관리들마다 반대 이유를 명확하게 밝히지 않은 채 그의 배치에 반대한다는

입장만 강조하게 되었다.

사드 배치에 관한 중국의 반대는 내정간섭에 해당되는 것이었지만 한국의 박근혜 정부는 한중관계를 악화시킬까 봐 공식적인 항의를 삼간 채 지켜보는 입장을 견지했다. 사드 배치의 정당성을 주장하기보다는 "(미국의) 요청, 협의, 결정이 없었다"는 소위 '3 No'라는 입장으로 논쟁 자체를 회피했다. 그래도 중국의 입장이 변화하지 않았고, 북한이 핵실험과 미사일 시험발사를 실시하자 더 이상 결정을 미룰 수 없어 2016년 7월 8일 박근혜 정부는 사드 배치를 결정했다. 결정 이후에도 중국을 자극하지 않고자 시간을 끌었고, 결국 경북 성주 지역에 2017년 4월 사드 포대 중 일부(6기 발사대 중 2기와 레이더)를 배치했다가 9월 전체 포대를 배치했다.

사드 배치에 대한 중국의 반대 이유는 나중에 만들어진 측면이 있다. 사드 배치를 미국의 대중국 포위전략으로 인식한다는 것이 그것이다. 2015년 2월 중국의 왕이(王毅) 외교부장은 "항장무검 의재패공, 사마소지심 노인개지(項莊舞劍 意在沛公 司马昭之心 路人皆知: 항우의 무장인 항장이 칼춤을 춘 뜻은 유방을 죽이려는 데 있고, 사마소가 황제가 되려는 야심은 누구나 다 안다)"라는 고사를 인용하기도 했고, 중국의 우다웨이(武大偉) 한반도 사무 특별대표는 2016년 3월 3일 "한국이 유럽이나 이스라엘 무기 체계를 가져온다면 아무런 문제가 없다"라고 발언하기도 했다.

그러나 중국이 사드가 배치된 지금도 반대의사를 거두지 않고 있는 근본적인 동기는 과거 사대관계로 한국을 인식한 것이다. 중국은 미국에는 아무런 항의도 하지 않은 채 한국에 대해서만 압력을 가하거나 배신감을 표출했기 때문이다. 중국은 2017년 2월 롯데기업이 사드 배치 장소를 제공하자 롯데그룹의 중국 내 기업 활동을 제약했고, 한국이 사드 배치를 결정하자 한국에 대한 여행 제한, 자동차부품 수입 제한, 화장품 산업과 문화 · 엔터테인먼트 사업 제한 등의 보복으로 상당한 경제적 타격을 입혔다. 사드 배치와 관련해 중국은 과거 조선시대에 명이나 청이 한국에게 압력을 가하던 행태를 재현한 셈이다.

23
일본과의 안보협력은 필수인가?

냉전시대에는 "한반도의 안전과 번영이 일본의 그것에 중대한 영향을 지니고 있다"는 인식하에 긴밀하게 협력

노무현 정부부터 과거사를 강조함으로써 한일관계 악화 시작

북핵 위협으로 인해 한일 안보협력은 필요해졌으나, 국민감정이 결정적 장애

"북한의 핵 위협이 국가의 존망을 위협할 정도가 되더라도 일본과는 절대 협력하지 않을 것인가?" 자문 필요

한국과 일본은 1965년 국교 정상화 이래 자유진영의 일원으로 결속해 미국의 주도하에 소련, 중국, 북한의 공산진영에 대항해왔다. 당시 양국은 '반공'이라는 가치를 중심으로 모든 측면에서 적극적으로 협력했고, 과거사나 독도 문제는 가급적 이슈화하지 않고자 노력했다. "한반도의 안전과 번영이 일본의 그것에 중대한 영향을 지니고 있다"는 소위 '한국조항'이 한일관계의 기본인식이 되기도 했다.

2003년 노무현 정부가 들어서면서 한일관계에서 과거사가 강조되기 시작했다. 노무현 정부는 박정희 정부의 한일 국교정상화 교섭에 관한 외교문서를 전면적으로 공개해 일본에 대한 국민감정을 자극했다. 북한의 핵실험 이후 일부 협력관계가 복원되기도 했으나 2012년 8월 10일 이명박 대통령이 독도를 방문함으로써 한일관계는 또다시 감정에 휩싸였다. 박근혜 정부는 초기에는 강경자세였으나 2015년 12월 28일 일본군 위안부 문제에 관한 합의를 도출했고, 2016년 11월 '군사정보 보호협정'을 체결하는 등 한일관계 개선에 노력했다. 그러나 2017년 문재인 정부가 들어서면서 위안부 문제 합의에 "중대한 흠결"이 있다고 발표하고, 일부 시민들이 '소녀상' 건립을 추진함으로써 한일관계는 또다시 과거사에 고착되고 있다.

객관적으로 평가해보면 북한의 핵무기라는 공통위협으로 인해 한일 간 안보협력은 필요해지고 있는 상황이다. 한일 양국이 협력하면 지상군 위주의 한국군과 해 · 공군력이 강한 일본의 군사력 간 상호보완 효과도 기대할 수 있다. 북핵 위협과 관련해 한국이 수집하는 인적정보(humint)와 인공위성이나 첨단 레이더를 통해 수집하는 일본의 기술정보(technint)도 교환될 수 있고, 선제타격이나 탄도미사일 방어 등에서도 협력소지가 적지 않다. 한일 안보협력만 이루어지면 한미동맹과 미일동맹이 한 · 미 · 일 3국의 삼각 동맹 수준으로 강화되면서 3개국 협력의 시너지가 극대화될 수 있다.

문제는 한일 양국의 국민여론이 안보협력을 허용할 수 있는 수준이 아니라는 사실이다. 위안부 문제와 독도 문제를 둘러싸고 국민적 감정이 좋지 않아 한일 간에는 대부분의 일이 갈등으로 치닫고,

상호불신을 해결할 수 있는 지도력은 찾아보기 어렵다. 일본에 대한 한국인들의 감정이 악화되면서 한국에 대한 일본인들의 부정적 인식도 강화되고, 그것이 상호작용하는 악순환이 발생하고 있다. 양국의 정치인들도 국민들을 설득하기는커녕 국민들의 감정에 편승하고자 한다. 엄청난 정치적 리더십을 보유한 지도자가 출현하지 않을 경우 한일 양국의 안보협력 추진은 어려운 여건이다.

한국 국민들은 다음을 자문해봐야 한다. 북한의 핵 위협이 국가의 존망을 위협할 정도가 되더라도 일본과는 절대 협력하지 않을 것인가? 2018년 12월 미국의 트럼프 대통령은 국방장관을 비롯한 대부분 참모들의 반대에도 불구하고 시리아에 주둔하고 있던 2천 명 정도의 미군을 신속하게 철수시키라는 지시를 내렸다. 한국에 대해서도 유사한 결정을 내릴 가능성은 누구도 배제할 수 없다. 미군이 철수할 경우 동북아시아 또는 세계에서 한국이 지원을 요청할 수 있는 유일한 국가는 일본일 수 있다.

일부 국민은 한국이 일본과 안보협력을 추진하면 1910~1945년 사이에 있었던 강점의 역사가 반복될 수 있다고 우려한다. 그러나 강점의 역사는 일본을 경계함으로써가 아니라 철저한 대비태세를 갖출 때 예방된다. 일본과 안보협력을 추진해 우호관계를 강화하는 것이 오히려 역사의 반복을 막는 데 유용할 것이다. 역사적으로 더욱 많은 사례와 더욱 오랜 기간을 통해 한국을 침범한 중국과는 관계개선을 하자면서 자유민주주의 이념과 북핵 위협을 공유하는 일본과의 안보협력을 회피하는 것은 합리적이지 않다. 한일 안보협력으로 한 · 미 · 일 안보협력 체제가 확고해질 경우 미국이 일본의 팽창을 억제하는 역할을 할 것이고, 역사의 반복 가능성은 더욱 줄어들 것이다.

24
일본은 북핵에 철저히 대비하고 있다는데?

일본은 1990년대 북한의 핵무기 개발 의혹 이후부터 정부 차원에서 철저 대응

유엔의 경제제재 결의안을 성실하게 이행하면서 독자제재도 적극 시행

핵미사일을 공중에서 요격하기 위한 탄도미사일 방어에 집중적 노력

선제타격 능력과 핵민방위 조치에도 적극적

그동안의 체계적 대비노력으로 누적되어온 대비태세가 상당

일본은 바다로 이격되어있고, 북한과 휴전상태도 아니어서 한국에 비해 북핵 방어가 절박하지 않음에도 북한의 핵무기 개발 초기부터 민감하게 대응해왔다. 1990년대 초반 북한의 핵무기 개발 의혹이 제기되자 국교정상화 협의를 중단시켰고, 1993년 3월 북한이 핵확산금지조약(NPT) 탈퇴를 선언하자 정부 차원에서 대응방안을 강구하면서, 미국을 포함한 주변국과 외교적 노력을 강화했다. 2006년

10월 9일 북한이 제1차 핵실험을 실시하자 일본은 총리 성명을 통해 일본 안보의 '중대 위협'이라고 발표했고, 2017년 9월 3일 북한의 제6차 핵실험 이후 일본은 북핵이 "중대하고 급박한, 새로운 단계의 위협"이라면서 적극적으로 대응하고 있다.

일본은 북한이 핵실험이나 미사일 시험발사를 실시할 때마다 유엔 중심의 제재결의안을 주도한 것은 물론이고, 독자제재도 추가했다. 북한의 제1차 핵실험 직후 각의를 열어 북한으로부터의 모든 품목 수입 금지, 북한 선적의 일본 입항 전면 금지, 북한 국적 소유자의 입국 금지 등 즉각적 독자제재를 결정했다. 2009년 5월 북한의 제2차 핵실험 이후에는 북한과의 모든 교역을 금지했다. 그 이후에도 북한이 핵실험과 미사일 발사를 실시할 때마다 일본 정부는 인적 왕래 규제, 북한 입국 시 휴대금액 축소 및 북한에 대한 지불 금지, 인도적 선박을 포함한 모든 선박의 북한 입항 금지, 자산동결 대상 단체나 개인의 확대 등 제재조치를 확대했다.

북핵 위협에 대비해 일본이 가장 집중적으로 노력해온 분야는 탄도미사일 방어이다. 동맹국인 미국이 그에 관한 기술을 보유하고 있었고, 북한의 '핵미사일'을 공중에서 요격하는 것이 가장 확실한 방어태세라고 생각했기 때문이다. 따라서 일본은 1993년 미군과 함께 '전구미사일 방어 실무단(TMG-WG: Theater Missile Defense-Working Group)'을 구성하는 등 공동연구에 착수했고, 결과로 나온 청사진에 근거해 탄도미사일 방어를 구축했다. 현재 일본은 상층방어로서 SM-3 요격미사일을 장착한 구축함을 수 척 운용하고 있고, PAC-3

요격미사일 포대를 주요 도시마다 배치해둔 상태이며, 지상에서 한 번 더 요격할 수 있도록 SM-3 지상용을 구매하는 과정에 있다. 현재 일본은 북한의 핵미사일을 2회 요격할 수 있고, 곧 3회까지 가능해질 예정이다.

일본은 '적지(敵地) 공격'이나 '적 기지(敵 基地) 공격'의 개념도 지속적으로 토론하면서 이를 위한 능력도 증강해왔다. 2019년에서 2023년까지 헬기 탑재 호위함 2척을 전투기 이착륙이 가능한 항공모함으로 개조하고, 수직 이착륙이 가능한 F-35B 42대를 구매하며, 이와 별도로 항공자위대는 F-35A 105대를 추가 구매하기로 결정하기도 했다.

일본은 핵민방위 태세도 꾸준히 보강해 2004년 관련 법률을 제정했고, 2005년에는 사이렌을 비롯한 세부지침을 발전시켰으며, 2006년에는 지방자치단체와 주요 기관별로 국민보호계획을 발전시켰다. 위성을 이용한 무선통신인 '전국순간경보시스템(J-Alert)'과 행정망인 '긴급정보네트워크시스템(Em-Net)'을 활용해 공격상황을 국민들에게 전파하게 되어있다. 2017년 북한의 기습적 미사일 시험발사 시 일본 정부는 이를 실제 가동해 4분 만에 국민들에게 전파해 대피하도록 했다. 2018년 1월 동경에서 최초의 주민대피훈련을 실시하기도 했다.

상황과 여건이 달라서 한국과 일본의 북핵 대응태세를 단순하게 비교할 수는 없지만, 일본은 교과서대로 초기부터 적극적이면서 체계적으로 북핵 위협에 대비해왔다. 특히 미국과의 동맹을 강화하고, 이를 바탕으로 탄도미사일 방어를 집중적으로 추진함으로써 단기간에 매우 포괄적인 북핵 미사일 요격 능력을 구비하는 데 성공했다. 한국이 중점적으로 추진해온 북한 비핵화를 위한 외교적 노력은 실패 시 그동안의 시간과 투자가 낭비되고 말지만, 일본이 노력해온 탄도미사일 방어, 선제타격, 민방위는 누적효과가 크고, 따라서 시간이 흐를수록 한일 간의 북핵 대비태세 차이는 점점 커질 것이다.

쟁점은?

25
전시 작전통제권 환수는 타당한 정책인가?

\# 한미 양국은 전시 작전통제권 환수와 관련해 향후 한미연합사령부를 유지하되 사령관은 한국군이 담당한다는 방향에 합의

\# 이것은 작전통제권 이양이 주권 침해라는 오해와 반미감정에 기초한 잘못된 결과로서 특히 북핵 위협의 현 상황에 부적합

\# 한국군이 한미연합사령관이 될 경우 유엔군사령부가 분리 및 강화되고, 미군은 통제하지 못한 채 한반도 방어에 대한 미군의 책임만 면제해줄 가능성

한미 양국 국방장관은 2018년 10월 31일 워싱턴에서 제50차 한미안보협의회를 개최한 뒤 전시 작전통제권 전환(한국 입장에서는 환수)의 조건을 조기에 충족시키기 위한 '연합방위지침'을 발표했다. 그 지침에 의하면 전시 작전통제권 환수 이후 한국군이 "연합방위를 주도"하면서 미군은 "보완 및 지속능력"을 제공하고, 주한미군과 한미연합사령부는 유지하되 연합사령부의 사령관을 현재의 미군에서 한국군으로, 부사령관은 현재의 미군에서 한국군으로 전환한다는

방침이다.

현재의 한미연합사령부(CFC)는 1978년 창설되었다. 이로써 6.25전쟁의 수행주체이면서 휴전협정의 서명 당사자인 유엔군사령부(UNC)는 정전협정 관리 임무만 수행하고, 한미연합사가 한국군을 작전통제해 한반도의 전쟁 억제와 유사시 승리를 위한 임무를 수행하게 되었다. 그러다가 1980년대 후반 국력 신장을 배경으로 한국이 자주를 강조함에 따라 1994년 한미연합사로부터 평시 작전통제권을 환수했고, 그 결과 방어준비태세(DEFCON: Defense Condition)-3(1이 전쟁 임박이고, 5가 평시이며, 한국은 현재 4의 상태이다)이 발령되어야 한미연합사령관이 한국군을 작전통제하는 것으로 변경되었다.

2003년 출범한 노무현 정부는 위 상태를 주권 침해로 인식하면서 방어준비태세-3 이후의 작전통제권(다른 말로는 전시 작전통제권)까지 환수할 것을 요구했고, 2012년 4월 17일로 환수의 시기까지 미국과 합의했다. 그러나 전시 작전통제권까지 환수되면 한미연합사는 해체될 수밖에 없어 이명박 정부와 박근혜 정부는 이를 계속 연기했고, 결국 한국군의 능력과 주변 정세가 적절할 때 환수한다는 조건부로 변경했다. 그러나 2017년 출범한 문재인 정부는 조속한 환수로 방침을 변경했고, 그 결과 한미연합사를 유지하는 가운데 사령관을 한국군이 담당하는 방향에 합의해 한국군의 환수 역량을 점검하고 있는 상황이다.

작전통제는 "작전계획이나 작전명령상에 명시된 특정 임무나 과업을 수행할 수 있도록 특정 기간에 지휘관이 행사하는 권한"으로

서, 대부대급 작전이나 연합작전에 적용되는 상하관계 규정에 관한 용어이다. 행정 및 군수, 군기, 내부편성 및 단위부대 훈련 등에 관한 책임이나 권한은 포함하지 않고, 세계적으로는 주권 침해로 인식하지 않는다. 다만, 한국에서는 좌파인사들을 중심으로 주권 침해라는 주장이 계속되고 있고, 문재인 정부는 그들과 생각을 같이해 북핵 위협 상황임에도 이의 환수를 계속 추진하고 있다.

한미가 합의한 대로 한미연합사를 존속시키면서 사령관만 한국군이 맡는다고 하더라도 한반도 방어의 주된 책임은 한국으로 이양되고, 미국은 지원역할에 머물게 된다. 현재 미군대장이 겸직하고 있는 한미연합사령관, 주한미군사령관, 유엔군사령관이 분리될 것이고, 그렇게 되면 위 세 개 사령부 간의 협조가 어려워질 가능성이 높다. 지금까지는 '한미연합사령관 = 유엔군사령관 = 주한미군사령관'이어서 위 세 사령부 간의 협조가 일사불란했다. 유엔군사령부는 한미연합사가 행사하는 작전통제권을 1950년 한국으로부터 이양받은 주체이고, 일본에 있는 후방기지를 비롯해 세계적 지원력을 통합하는 근간이며, 주한미군사는 한미연합사에 근무하거나 작전통제를 받는 미군들의 원소속이기 때문에 이 두 사령부가 분리될 경우 한반도 군사작전의 일사불란한 수행은 쉽지 않을 것이다.

한국군이 한미연합사령관의 직책을 수행할 경우 미군을 작전통제할 가능성은 높지 않다. 일시적이거나 비(非)전투임무의 경우 허용한 사례가 일부 있지만, 미군은 원칙적으로 자국군을 외국군 지휘관의 작전통제하에 두지 않기 때문이다. 미군이 소속되지 않을 경우 한국군 한미연합사령관은 일부 미군참모의 지원을 받은 채 한국군만 작전통제하는 허울에 불과해질 수 있고, 한국이 추진하는 변화는 한반도 방어를 위한 미군의 책임만 면제해주는 결과가 될 수 있다. 전시 작전통제권의 환수가 노골화되면서부터 미군은 캐나다의 장군을 유엔군 부사령관으로 임명하거나 유엔군사령부 참모들의 한미연합사 참모 겸직을 줄여나가는 등 유엔군사령부를 강화하기 위한 노력을 경주하고 있다.

26
나토는 한국에 비해 훨씬 자주적이라던데?

나토는 29개국으로 구성된 유럽의 집단안보체제

동맹작전사령부(미군이 사령관)와 동맹변혁사령부(다른 회원국이 사령관)로 구성되어 군사력 운영과 준비를 분담

동맹작전사령부는 작전지휘권, 그 예하의 사령부는 작전통제권을 보유하고 있어 한미연합사보다 강력한 권한 보유

유럽국가들은 미군을 사령관으로 보직해 책임을 지우는 것이 유리하다고 판단하고 있고, 주권 침해의 문제는 제기하지 않은 채 현 체제를 당연시

북대서양조약기구(나토, NATO: North Atlantic Treaty Organization)는 소련과 동유럽의 군사적 위협으로부터 유럽의 안전을 지키기 위한 목적으로 1949년 4월 설립되었다. 처음에는 미국, 영국, 캐나다, 프랑스 등 12개국이었으나 현재는 29개국으로 확대된 상태이다. 나토 헌장의 제5조는 "유럽이나 북미에 있는 어느 일국에 대한 무력공격은 모든 회원국에 대한 공격으로 간주"해 지원하도록 명시하고 있어 외부의 무력침공이 있을 경우 "당사국은 서로 협의한다"로 되어있는 한미동맹이나 미일동맹의 약속에 비해서는 훨씬 강력하다. 나토의 최고 의사결정기관은 회원국 대표로 구성된 북대서양이사회(NAC: North Atlantic Council)이고, 이 예하에 회원국의 국방총장, 합참의장 또는 군사대표들로 구성되는 군사위원회(Military Committee)가 존재하며, 이 위원회가 나토의 군사조직에 지침을 제공한다.

나토의 군사작전을 총괄하는 기관은 동맹작전사령부(ACO: Allied Command Operation)와 동맹변혁사령부(ACT: Allied Command Transformation)인데, 전자는 회원국이 제공하는 군사력을 운영하고, 후자는 나토 회원국 군대들의 군사력 준비방향을 통일시킨다. 전자는 미국의 4성 장군이 '유럽동맹군 최고사령관(SACEUR: Supreme Allied Commander Europe)'이라는 직책으로 지휘하고 있고, 후자는 다른 나토의 회원국 4성 장군이 교대로 담당한다.

나토는 0~90일 동안 대응하는(일부는 30일 이내 대응) 고(高)준비군사력(High Readiness Forces: HRF)과 91~180일에 대응하는 저(低)준비군사력(Forces of Lower Readiness: FLR)으로 구분한 후, 이들을 지휘할 사령부들을 사전에 구축해두고 있다. 나토는 평시부터 13,000명 정도의 즉각대응군(Immediate Response Force)과 15,000명 정도의 후속부대를 편성해 운영하고 있다. 미군대장인 '유럽동맹군 최고사령관'은 예하의 사령부에 대해 작전지휘권(Operational Command)을 행사하고, 예하의 사령부들은 소속되는 부대에 대해 한미연합사령관과 동일한 작전통제

권을 행사하도록 되어있다. 작전지휘는 작전통제보다 더욱 상위이면서 포괄적이고 지속적인 권한이다.

한미연합사는 나토의 군사지휘체제를 참고해 창설되었기 때문에 기본적인 체제와 내용은 이 둘이 유사하다. 양쪽 모두 하나의 사령부가 군사위원회의 지침을 받아서 임무를 수행하고, 예하부대들에 대해서는 작전지휘권/작전통제권을 행사하며, 예하에는 지상, 공중, 해상의 구성군사령부가 편성되어있다. 다만, 유럽동맹군 최고사령관은 나토의 즉각대응군을 평시부터 작전지휘하고, 동맹변혁사령관은 회원국 군대의 개념, 계획, 훈련을 표준화하고 있다는 점에서 나토군 사령관의 권한이 한미연합사령관에 비해 더욱 강력하다고 볼 수 있다.

나토 회원국의 경우 미군에 의한 작전지휘나 작전통제를 민감하게 인식하고 있지 않다. 제2차 세계대전 등의 경험을 통해 단일사령부를 구성하고, 그 사령관에게 충분한 권한을 부여하는 것이 군사작전 수행과 승리에 절대적으로 필요하다는 것을 깨달았고, 그것을 주권 침해로 인식할 필요가 없다는 것을 이해하기 때문일 것이다. 미군에게 사령관을 담당시킴으로써 유럽방어에 관한 책임의식을 갖도록 하고, 이로써 유사시 본국의 지원력을 적극 전개시키도록 하는 것이 그들의 방어에 유리하고, 그들의 국방비와 국방노력을 절약할 수 있는 효과적인 방법이라고 생각하기 때문이다.

국제사회에서 각국의 주권은 어떤 형태로라도 양도될 수 없기 때문에 어떤 지휘관계로 규정하든 국적이 다른 군대 간의 연합작전은 상호 조정을 통해 수행될 수밖에 없다. 나토의 군사조직을 설명하는 홈페이지에도 사령부와 그 예하 제대 간의 지휘관계를 표시하고 있지 않고, 작전지휘나 작전통제라는 단어를 검색해도 나오는 자료가 없을 정도로 이들 지휘관계는 제한적인 것이고, 따라서 시비를 걸 사항이 아니라고 생각하고 있다. 이에 비하면 작전통제권에 대한 한국의 인식은 지나치게 과민하고, 감정적이라고 할 수 있다.

27
방위비 분담은 해야 하나?

 # 방위비 분담은 미군의 해외주둔에 따라 추가적으로 발생하는 비용을 동맹국에게 부담해달라는 요청

 # 한국은 1991년부터 시작해 매년 분담금을 향상했고, 2019년에는 1조 389억 원 지원

 # 방위비 분담금은 미군이 고용하는 한국 노동자, 시설 건설, 군수물자 수송 등에 중점적으로 사용하고, 현금 및 현물로 대부분 한국에서 소비

 # 일본은 한국에 비해 많은 액수의 방위비 분담을 수용하고 있고, 미국의 인식도 좋은 편

'방위비 분담'은 정확하게는 주둔미군의 비용분담인데, 미군의 해외주둔에 따라 파생되는 비용을 동맹국들이 분담해주는 개념으로서, 냉전종식 이후 세계경찰국가로서의 사명을 혼자서 수행하던 미국이 동맹국 또는 우방국들과 나눠야겠다고 인식함에서 비롯되었다. '책임분담(responsibility sharing)' '부담분담(burden sharing)'이라는 말로 동맹 및 우방국들의 국방비 증액까지 요구하기도 했으나 지금은 자국 군대의 주둔에 따라 추가로 파생되는 비용을 분담해줄 것을 요청하는 비용분담(cost sharing)이 쟁점이 되고 있다. 미국은 1995년부터 2004년까지 동맹국들의 기여도를 평가하는 보고서를 매년 발간할 정도로 동맹국들의 방위비 분담을 독려했다.

미군 주둔비용의 분담은 미군에게 세금을 면제해주거나 토지나 시설의 사용료를 면제하는 등의 간접지원과 미군이 지출하는 비용을 직접적으로 분담해주는 직접지원으로 구분된다. 이 중에서 직접지원이 한국에서 '방위비 분담'이라고 말하는 부분인데, 미국은 봉급 등의 경상비는 제외한 상태에서 주둔에 따라 추가로 발생하는 것을 '비인적(非人的) 주둔비용(NPSC: Non-personnel Stationing Cost)'으로 명명하면서 이의 적정한 부분을 동맹 또는 우방국들이 부담해줄 것을 요구해왔다. 따라서 이것은 '자율성-안보 교환'의 원리에 따라 강대국이 안보지원의 대가로 약소국의 자율성 양보를 요구하는 전형적인 사안이다.

원래 한미 양국에 체결한 '상호방위조약에 따른 주둔군 지위협정(SOFA)'에는 토지와 시설 이외의 주둔비용은 미군이 담당하도록 되어있다. 그래서 한국과 일본은 별도로 특별협정(SMA: Special Measures Agreement)을 체결해 방위비 분담을 제공하고 있다. 한국은 1991년 1억 5,000만 달러로 시작해 수년 단위로 계속 협상하면서 조정했고, 그 결과 2017년 9,507억 원, 2018년 9,602억 원을 제공했다. 2019년부터의 방위비 분담의 경우 미국이 대규모 증액을 요구해 합의가 지체되다가 2018년보다 787억원(8.2%) 증액된 1조 389억원을 제공하기

로 했고, 앞으로 1년 단위로 협상하기로 합의했다.

한국은 매년 일정한 금액의 총액을 미군에게 제공하지만 미군이 이를 아무 분야에나 사용하는 것은 아니다. 2018년의 경우 주한미군을 위해 근무하는 한국인 인건비로 39%, 한미연합 방위력 증강을 위한 군사시설과 미군의 비전투시설 건축을 위한 군사시설 건설에 46%, 철도와 차량 수송 등 용역 및 물자 지원을 위한 군수지원비로 15%를 사용했다. 인건비의 경우 전액 현금으로 연 3회 균등 분할해 지급하고, 군사건설비는 현금과 현물로 나누어 지급한다. 군수지원비는 미국 측이 한국 측의 업체와 계약을 한 후 송장을 한국 측에 제출해 사후에 정산하는 방식으로 집행된다.

일본도 상당한 수준의 방위비 분담을 주일미군을 위해 사용하고 있다. 일본에는 5만 명 정도의 주일미군이 있어서 당연히 분담규모가 크고, 한국보다 훨씬 이전인 1978년부터 지원을 시작했다. 일본은 매년 지원 총액을 결정하지 않고, 지원이 필요한 항목별로 미군과 협의해 타당하면 지속적으로 지원하는데, 이 방식은 실무 차원에서 합리적으로 타결될 가능성은 높지만, 미군의 활동이 많은 경우 비용이 증대될 우려가 있다. 일본의 경우 국방부 외 정부부처 및 지방자치단체에서도 다양한 형태로 미군을 지원하기 때문에 한국과 그 규모를 단순하게 비교할 수는 없다. 굳이 한국이 지원하는 항목과 비교해보면 대체적으로 일본은 한국보다 4배 정도 많은 금액이다.

주한미군과 이를 매개로 지원될 미국의 대규모 증원군을 효과적으로 활용하는 비용이라는 측면에서 방위비 분담이 터무니없는 것은 아니다. 한국이 분담하는 만큼 미국에 대한 자주성이 강화된다고 볼 수도 있다. 상당한 금액을 부담하면서도 미국이 일본보다 한국에 느끼는 만족도가 적다는 측면에서 방위비 분담 협상에 대한 태도와 방식을 개선할 필요가 있다.

28
북핵을 파괴시켜버릴 수는 없는가?

\# 선제는 적의 공격 징후가 있을 때,
예방은 그렇지 않은 상태에서 사전에 조치하는 개념으로서,
핵 위협에는 예방적 타격이 실질적

\# 평화 시에 갑작스럽게 전쟁으로 상황을 악화시킬 수 있다는 정치적 위험이 커서
한국이나 미국 모두 예방타격은 주저

\# 이스라엘은 1981년과 2007년 이라크와 시리아의
핵발전소를 파괴시킴으로써 예방타격 구현

\# 한국은 북핵에 굴복하는 것과 예방타격으로 인한 위험 중
어느 것이 큰지를 비교해봐야 할 상황

북한의 핵무기를 지상에서 파괴하는 조치와 관련해서는 선제(preemption)과 예방(prevention)의 대조적인 개념이 있다. 한국에서는 선제를 '선공(先攻)'의 개념으로 사용하기도 하지만, 군사이론에서는 상대가 어떤 행동을 할 명백한 의사가 확인되었을 때 그 행동을 차단하기

위해 사전에 취하는 조치를 말한다. 반면에 예방은 그러한 명백한 의사가 확인되지 않은 상태에서 더 미리 차단행동을 취하는 것을 의미한다. 따라서 조치의 정당성은 선제가 높지만, 적이 공격하기 전의 짧은 시간에 결행해야 하기 때문에 성공의 가능성은 낮다. 대신 예방은 먼저 공격하는 행위가 되어 정당성은 낮지만, 충분히 검토 및 준비해 최적의 조건에서 실시할 수 있어서 성공의 가능성은 높다.

상대의 핵공격이 임박할 때까지 기다리는 것은 너무나 위험하기 때문에 핵 위협에 대해서는 예방타격이 당연하지만, 정치적 위험성이 크다는 것이 문제이다. 예방은 당장은 가만히 있는 상대방을 공격함으로써 상대방을 반발하도록 만들어 전쟁을 야기하는 결과가 되기 때문이다. 상대가 핵무기를 개발하는 도중일 때는 실패해도 위험성이 크지 않지만, 핵보유국에 대한 예방적 조치가 실패하면 핵전쟁으로 상황을 극단화시킬 위험성이 크다. 이런 이유로 한국 정부나 한국군은 북핵에 대한 예방타격은 거의 고려하지 않았다. 다만, 이러한 자제로 인해 북한이 수소폭탄을 개발할 때까지 한국은 아무런 의미 있는 조치를 강구하지 못한 채 방치한 결과가 되고 말았다.

미국의 경우 '선제타격'이라는 용어를 사용하면서도 실제로는 '예방타격'을 염두에 두어 군사적 대안을 논의해왔다. 1994년 미국의 페리(William Perry) 당시 국방장관이 북한의 영변 핵시설에 대한 정밀타격을 검토한 것, 2009년 북한의 제2차 핵실험 후 '레드라인(red line: 금지선)'을 언급하면서 타격 가능성을 시시한 것, 트럼프 행정부가 수시로 '군사적 옵션'을 언급하고 있는 것은 모두 예방타격의 성

격이다. 그러나 미국의 입장에서도 자신이 한반도에서 전쟁, 특히 핵전쟁을 발발하는 국가가 되어야 한다는 데 대한 부담이 클 수밖에 없다. 그래서 1994년 영변 핵발전소에 대한 정밀타격 방안도 포기했고, 군사적 옵션의 시행도 계속 주저하고 있는 것이다.

반면에 이스라엘은 과감한 예방타격의 적시적 결행을 통해 그들에 대한 핵 위협을 사전에 제거하는 데 성공했다. 1981년 6월 7일 이스라엘은 '바빌론작전(Babylon operations)'이라는 명칭으로 2,000km 정도 떨어진 이라크의 오시라크(Osirak) 핵발전소를 공군기를 동원해 파괴했고, 2007년 9월 6일에도 '과수원 작전(Operation Orchard)'이라는 명칭하에 시리아의 데이르 에조르(Deir ez-Zor) 지역에 건설 중인 핵발전소를 공군기로 타격했다. 덕분에 아직은 이스라엘을 핵무기로 위협하는 주변국은 없다. 미국이 2003년 이라크가 핵무기를 개발했을 수도 있다는 의심을 근거로 이라크를 침공해 사담 후세인을 사살하고, 그 체제를 붕괴시킨 것도 예방 성격의 군사작전이었다.

북한이 수소폭탄을 포함한 수십 개의 핵무기를 보유했을 뿐만 아니라 ICBM에 근접한 장거리 미사일까지 개발한 엄청난 위협 상황에서 한국 정부가 예방타격을 결정할 가능성은 낮다. 미국의 경우에도 한꺼번에 북한의 핵무기를 모두 제거할 수 있는 획기적인 신기술이 개발되지 않는 한 예방타격을 결심하기는 쉽지 않다. 또한 예방타격의 결행에 따른 책임은 혼자 담당하지만, 미결행으로 인한 핵위협은 다수의 지도자들이 분담하기 때문에 특정 정치지도자가 결심하기는 더욱 어렵다. 문제는 예방타격을 감행하지 않을 경우 북한의 핵 위협에 굴종할 수밖에 없는 상황이 될 수도 있다는 사실이다. 어느 순간 한국은 굴종의 상황보다 예방타격의 위험성이 큰지를 비교해봐야 할 수 있다. 예방타격은 미룰수록 위험과 실패 가능성이 높아지고, 당길수록 위험은 적고 성공의 가능성도 높다. 대부분의 예방타격은 용기와 결의의 산물이다.

29
탄도미사일 방어는 강화해야 하나?

 # 미국의 다층방어 개념과 관련 기술 개발로 핵미사일의 공중 요격 성공률 증대

 # 한국은 주한미군의 사드, 한국군의 PAC-3로 상층방어와 하층방어를 구성하고 있으나 보호되는 지역은 제한적

 # 일본은 해상 SM-3, 지상 SM-3, PAC-3로 3회 요격 가능. 이것은 미국과 적극적으로 협력해 추진했기 때문

 # 미국과의 협력, 합동미사일사령부 창설 등 주요 도시별로 2회 요격 보장 노력 필요

최악의 상황이지만 북한이 핵미사일을 이용해 한국을 공격할 경우 유일한 대책은 항공기처럼 그것을 공중에서 요격(邀擊, interception)해 파괴시키는 것이다. 그러나 핵미사일은 음속의 10~20배로 너무나 빠르고 공중에 머무는 시간이 수 분에 불과하기 때문에 탐지, 결심, 요격이 쉽지 않다. 미국도 1950년대부터 이 개념을 구상했으나 결국 포기했고, 1983년 레이건(Ronald Reagan) 대통령이 재시도한 후 20

년이 지난 2004년에 최초의 미사일요격 미사일을 배치할 수 있었다. 그나마도 100% 요격을 자신할 수 없어 부스트단계, 중간경로단계, 종말단계로 구분해 수회 시도하는 다층방어(multi-layered defense) 개념을 적용하고 있다.

북한의 단거리와 중거리 미사일에 노출되어있는 한국은 종말단계 상층방어(upper-tier defense)와 종말단계 하층방어(lower-ticr defense)로 구분하는 다층방어를 적용해야 하는데, 상층방어용으로 미군의 사드가 경북 성주에 배치되어있고, 하층방어용으로는 한국군의 PAC-3가 배치되어있다. 다만, 사드 1개 포대만으로는 전국을 방어할 수 없어서 L-SAM이라는 명칭으로 상층방어용 요격미사일을 자체개발하고 있고, PAC-3 숫자가 제한되어 M-SAM이라는 명칭으로 자체 개발하고 있다. 이 외에도 한국은 북한 탄도미사일 공격을 탐지하기 위한 그린 파인(Green Pine) 레이더와 탐지-결심-요격을 연결시키기 위한 작전통제소를 구비하고 있다.

북한이 한국에 대해 단거리 탄도미사일로 핵무기를 투발할 경우 적절한 요격고도나 시간이 보장되기 어려워 휴전선으로부터 40km 정도만 이격된 서울의 경우 취약성이 크다. 더구나 지금까지 한국에서는 '탄도미사일 방어 = 미국의 탄도미사일 방어망 편입'이라는 루머가 국민들의 인식을 지배해 미국과 제대로 협력하지 못했고, 그 결과 한국의 상황과 여건에 부합되는 탄도미사일 방어체제의 개념 정립이나 무기 및 장비의 획득이 여의치 않았다. 현재 한국은 성주 부근과 PAC-3가 배치된 일부 지역에만 1회의 요격기회가 보

장되고, 나머지 지역은 요격기회를 전혀 갖지 못하고 있고, 단기간에 개선될 소지도 크지 않다.

한국과 유사하게 북한의 핵미사일 위협에 노출되어있는 일본의 경우 해상에는 SM-3 요격미사일을 배치하고 지상에는 PAC-3 요격미사일을 주요 도시별로 배치해 전국적으로 2회의 요격을 보장하고 있고, 지상용 SM-3 요격미사일이 조만간 확보되면 3회로 요격기회가 증대될 것이다. 북핵 위협이 대두된 이후 주어진 시간은 한국과 동일함에도 일본이 단기간에 상당한 탄도미사일 방어능력을 구비한 것은 해양으로 떨어진 유리점도 작용했겠지만, 미국과의 적극적 협력을 통해 예산을 절약하면서 기술을 충분히 습득할 수 있었기 때문이다. 한국의 반성과 정책의 수정이 필요한 부분이다.

북한의 핵미사일 위협으로부터 국민을 보호할 수 있는 능력을 최단기간 내에 구축하려면 한국은 미국 및 일본과의 협력을 적극적으로 추진할 필요가 있다. 정치, 행정, 경제, 문화 등 모든 분야에서 중심지인 서울을 방어할 수 있도록 다수의 PAC-3를 배치하고, 상층방어보다 요격고도가 낮은 중층방어용 무기를 개발함으로써 서울도 2회의 요격을 보장할 필요가 있다. 전국의 모든 도시별로 1~2회의 요격이 가능하도록 PAC-3 추가 구매 또는 M-SAM의 조기 생산을 독려하고, 사드나 지상용 SM-3를 비교해 적절한 것을 구매할 필요가 있다.

현 공군의 '방공미사일사령부'를 '합동미사일방어사령부'로 격상시키면서 필요한 권한은 물론, 인력과 자산을 충분히 제공해줌으로써 탄도미사일 방어의 추진 주체를 명확하게 해줘야 한다. 당연히 주한미군 탄도미사일 방어체제와의 통합 및 역할 분담을 보장해야 할 것이고, 이에 관한 한미연합 훈련을 정례화할 필요가 있다. 탄도미사일 방어는 노력한 바가 지속적으로 누적될 뿐만 아니라 가장 안전한 방법이라는 점에서 꾸준한 투자가 필수적이다.

30
핵 대피소를 구축해야 하나?

 # 핵공격을 받아도 대비하면 상당수 국민의 생존 가능

 # 핵공격이 없는 지역으로 이탈도 가능하나 위험하고 비현실적일 가능성

 # 방사선 차단 가능한 벽을 보유한 대피소의 구축 또는 현 대피소나 유사시설의 보강이 필요하고, 14일 동안 생활 가능한 환기, 식수, 음식, 용변에 대한 대책 필요

 # 일본과 하와이 및 미국의 사례를 참고해 핵민방위 적극 추진 필요

핵무기가 상상을 초월할 정도로 엄청난 피해를 끼치는 것은 분명하지만, 폭발력이 강한 범위 바깥에서는 생존이 가능하다. 사전에 안전한 시설에 대피해 있을 경우 생존율은 더욱 높아질 것이다. 핵무기 폭발 후 폭풍이 몰려올 수 분 또는 수 초 내에 몇 가지 사전조치만 강구하더라도 생존율은 높아진다. 그렇기 때문에 냉전시대에 미국과 소련도 민방위(civil defense)라는 명칭으로 핵폭발 시 국민들의 생존을 보장하기 위한 조치를 대대적으로 강구했다.

적이 특정 지역에 핵무기 공격을 가하겠다고 위협하거나 적의 핵공격이 예상될 경우 정부가 해당지역에 거주하는 사람들을 다른 지역으로 옮길 수 있고, 국민 스스로도 생존을 위해 위험지역을 이탈(evacuation: 군에서는 소개(疏開)로 번역하지만 일반인들에게는 생소할 뿐만 아니라 타동사의 의미라서 자동사인 '이탈'로 사용)할 수 있다. 다만, 어디에 핵무기 공격이 가해질지 확신할 수 없고, 이탈은 상당한 혼란을 야기하며, 이탈 도중에 핵공격이 감행되면 절대적인 무방비 상태가 된다는 점에서 이탈에는 신중해야 한다. 이탈하더라도 상당한 기간 동안 생활할 수 있는 준비를 갖추어 이탈해야 예상치 않은 핵공격이나 불상사에 대비할 수 있다.

핵공격으로부터의 생존을 위한 가장 보편적인 조치는 대피소(shelter)로 피신하는 것이다. 이를 위해서는 핵폭발의 폭풍도 견딜 수 있는 강력한 시설을 사전에 구축해두어야 하는데 이것은 너무나 많은 비용을 소요한다. 그래서 대부분은 낙진(落塵, fall-out)의 방사선으로부터 보호받을 수 있는 시설을 준비한다. 히로시마와 나가사키에 투하된 정도의 핵폭발 위력은 반경 1~2km에 그치기 때문에 그 너머 지역은 낙진대피소로도 생존을 보장할 수 있다. 공공대피소, 개인 또는 가족대피소 등으로 사전에 준비해두는 것이 최선이다. 빌딩이나 가옥의 지하실, 아파트 지하주차장을 활용할 수도 있다. 땅을 파서 대피호를 만들거나, 집 안에서도 격리된 공간에 대피하면 생존율을 높일 수 있다.

대피소는 낙진의 방사선을 차단하는 것이 핵심인데, 콘크리트

"내일 세상에 종말이 올지라도 사과나무는 심어야지!"

는 30cm, 벽돌 벽은 40cm, 흙은 60~90cm 이상의 두께를 지니면 된다. 출입문과 창문이 취약할 가능성이 크기 때문에 사전에 흙 마대를 쌓아서 보강하거나 대피 후에 내부에서 보강할 필요가 있다. 또한 대피소를 활용할 때는 낙진의 방사능이 어느 정도 약해지는 2주 동안 다수의 인원이 생활하기 위한 환기, 식수, 음식, 용변에 대한 대책이 마련되어있어야 한다. 겨울에는 난방, 여름에는 냉방을 위한 추가조치도 필요해질 것이고, 질병이 발생하지 않도록 위생에도 주의

해야 할 것이며, 다수의 인원이 조화롭게 지내기 위한 생활규칙도 정립해둘 필요가 있다.

북한의 핵 위협이 심각해지자 일본과 하와이는 대피훈련을 실시하는 등 핵민방위 조치를 강화하고 있다. 일본의 경우 전국순간경보시스템(J-Alert)과 긴급정보네트워크시스템(Em-Net)을 통해 북핵 경보전파 체제를 구축했고, 지방자치단체별로 대피훈련 또는 대피도 실시했다. 하와이도 2017년 12월 1일 30여 년 만에 처음으로 핵공격에 대한 주민 대피훈련을 실시한 적이 있다. 당시 하와이 주정부는 북한의 핵미사일 위험성과 예상되는 피해, 14일 치의 음식과 물, 배터리로 가동되는 라디오, 호루라기, 방수포와 담요 등 휴대물품의 목록, 그리고 개인별, 가족별 행동계획을 미리 마련할 것을 주문하는 등 구체적 행동지침을 제공한 바 있다.

한국은 새로운 핵공격용 사이렌을 지정하고, 기존의 민방위 시설을 핵대피가 가능하도록 보완하거나 대형건물의 지하공간이나 지하철 공간을 공공대피소로 활용하는 등 대피활동을 집중적으로 보강할 필요가 있다. 아파트 단지별로 지하주차장의 출입문과 창문을 보완해 보호효과를 높이고, 유사시 환기, 식수, 음식, 수면, 용변을 위한 조치를 강구해둘 필요가 있다. 핵민방위에 관한 세부사항들을 정리해 각 가정과 대피소에 비치하도록 하거나 동영상 및 문서파일을 통해 국민들에게 전파할 필요가 있다.

31
평화협정은 체결되어야 하나?

북한은 1970년대부터 미국과의 평화협정 체결을 주장했고, 이로써 한반도에서의 대표성 확보 및 미국과의 흥정 기도

평화협정은 오히려 적을 기만해 공격하기 위한 술수로 제안되는 것이 대부분

1992년의 남북한 기본합의서를 남북한이 준수하면 이것이 평화협정

평화협정이 아니라 평화를 지속시킬 수 있는 보장장치가 중요

북한은 1970년대부터 6.25전쟁의 휴전협정을 평화협정으로 전환해야 한반도에 항구적인 평화가 정착된다는 논리로 평화협정 체결을 지속적으로 주장해왔다. 그러나 북한은 그 평화협정의 주체를 남북한 간이 아니라 미북 간으로 요구했고, 이를 통해 한반도에서 그들의 대표성을 확보하고, 미군을 한국에서 철수시키면서 그들 주도의 통일을 달성하고자 했다. 북한의 이러한 저의에도 불구하고, 일부 남한 국민들은 '평화'라는 말에 이끌려 북한의 평화협정 요구를 긍정적으로 인식하고, 이의 체결을 주창하고 있다.

자유, 정의, 평등이라는 용어의 정의가 어렵듯이 평화도 대부분이 합의하는 정의는 쉽지 않다. 그래서 국제정치학에서는 전쟁에 대비해 평화를 '전쟁의 부재(absence of war)'라고 정의한다. 평화는 "전쟁과 전쟁 사이의 일시적인 안정"에 불과하다는 설명도 있다. 평화에 체제를 추가하면 평화가 지속되도록 하는 어떤 제도나 조치를 말하고, 협정을 추가하면 '전쟁의 부재'를 보장하거나 평화상태를 더욱 증진시키기 위한 문서상 약속을 지칭하게 된다.

당연히 평화협정만으로 평화를 보장할 수는 없다. 상대가 협정을 어길 경우 힘이 아니고서는 회복시킬 방법이 없기 때문이다. 제2차 세계대전 이후 아시아에서는 평화협정을 맺었고, 유럽에서는 그렇지 않았지만, 유럽이 아시아보다 안정된 평화상태를 보이고 있다. 역사적으로 평화협정은 공격적 의사를 가진 국가가 자신의 의도를 기만하기 위한 술책으로 사용하는 경우가 많았다.

1938년 영국의 체임벌린 총리는 독일의 히틀러와 뮌헨 협정을 체결한 뒤 평화를 보장받았다고 환호했지만, 그다음 해에 독일은 폴란드를 침공함으로써 제2차 세계대전을 발발하고, 그 이듬해에는 프랑스와 영국을 공격했다. 1973년 1월 27일 미국과 북베트남은 파리 협정을 체결해 베트남에서의 정전(제2조), 협상을 통한 문제해결(제10조), 평화적, 단계적 통일 실현(제15조)을 포함한 전쟁종결과 평화회복을 보장했지만, 2년 후 북베트남은 남베트남을 무력으로 정복했다.

대부분의 국민들은 남북한 간 평화협정이 체결되지 않은 것으

로 이해하지만, 1991년 12월 13일 체결된 '남북한 기본합의서'는 충분히 평화협정으로 분류될 수 있다. 남북한 기본합의서에는 남북 간의 상호 인정(제1조), 파괴 및 전복 행위 금지(제4조), 무력 불사용(제9조), 평화적 해결(제10조), 불가침 경계선과 구역(제11조) 등 평화협정에 포함되어야 할 주요 쟁점이 모두 포함되어있기 때문이다. 북한이 이를 준수하지 않은 채 도발을 계속함으로써 평화상태가 지속되지 못해 평화협정으로 불리지 못하고 있을 뿐이다. 1991년 12월 31일 남북한은 핵무기의 시험 · 제조 · 생산 · 접수 · 보유 · 저장 · 배비(配備) · 사용을 금지하는 '한반도의 비핵화에 관한 공동선언'에도 합의했지만, 이 또한 북한은 준수하지 않았다.

북한이 미국과 평화협정을 체결하고자 하는 저의는 평화적인 동기와는 거리가 멀 수 있다. 한국을 미국의 괴뢰로 인식하는 것이고, 평화협정 체결을 통해 인민민주주의 통일이라는 그들 '당 = 국가 = 군'의 목표를 달성하려는 의도로 보이기 때문이다. 실제로 미북간에 평화협정을 체결하면 6.25전쟁이 정식으로 종결되는 것이고, 그렇게 되면 그의 수행을 위해 창설된 유엔군사령부는 해체되어야 하며, 유엔군사령부가 해체되면 미군의 한국 주둔 명분은 약화된다. 평화협정 체결 후 북한은 1975년의 북베트남처럼 핵 위협하에서 남한에 대한 무력통일을 시도할 수 있다.

북한이 진정으로 한반도의 평화를 원한다면 스스로 핵무기를 폐기하고, 남한에 대한 도발을 중단하면 된다. 지금까지 한국은 한 번도 북한에 대해 도발한 적이 없기 때문이다. 핵무기를 끝내 보유하면서 평화협정을 체결하려는 것을 어떻게 평화적 의도로 해석할 수 있겠는가? 평화협정보다 평화상태를 쉽게 파괴시키지 못하도록 하는 장치를 구축해 평화를 지속적으로 유지하는 것이 더욱 중요하다. 힘없는 평화는 신기루이다.

32
종전선언은 의미가 있는가?

 # 2018년 4월 27일 판문점 선언에서 2018년에 종전선언을 하는 것으로 합의

 # 종전의 선언만으로는 별 의미를 갖지 못하기 때문에 국제사회에서 평화협정은 논의해도 종전선언만 논의하지는 않음

 # 종전선언은 북한의 비핵화를 유도하고, 북한의 군사적 도발을 감소시킬 수 있는 효과의 기대도 가능하지만, 유엔군사령부 해체, 주한미군 철수로 연결될 수 있어 오히려 평화를 파괴할 가능성

2018년 2월 평창올림픽을 계기로 남북관계를 개선한 문재인 정부는 2018년 4월 27일 판문점에서 남북 정상회담을 갖고, “정전협정 체결 65년이 되는 올해에 종전을 선언”하는 것으로 합의했다. 북한은 6월 12일 싱가포르 미북 정상회담 후에도 다양한 채널을 통해 미국에게 종전선언 채택을 요구했다. 그러나 미국은 북한의 비핵화가 전제되어야 한다면서 불응했고, 따라서 종전선언 논의는 수면 하로 들어간 상황이다.

종전선언은 전쟁의 종결을 선언하는 어떤 내용으로 구성되겠지만, 국제적으로 이에 대한 정형이나 전례가 존재하는 것은 아니다. 선언만으로 전쟁을 종료하는 것이 의미를 갖기는 어렵고, 전쟁의 재발을 방지하기 위한 조치가 필수적으로 강구되어야 한다는 점에서 평화협정을 논의하지, 종전선언에만 그치지 않을 것이기 때문이다. 미국의 경우 1991년의 걸프전쟁과 2003년 이라크 전쟁에서 일방적으로 '전쟁의 종료(The war is over)' 또는 '주요 전투작전의 종료(Major combat operations in Iraq have ended)'를 선언한 사례는 있지만, 두 국가 이상이 종전만을 공식적으로 선언한 사례는 없다. 한국에서는 미국의 부시(아버지) 대통령과 소련의 고르바초프(Mikhail Gorbachev) 총서기장이 1989년 12월 2~3일간 남부유럽의 몰타(Malta)에서 선상 정상회담을 갖고 냉전종식의 의견을 교환했다면서 이를 전례로 인용하기도 한다. 그러나 이 회담에서 공식적으로 채택된 선언은 없었다.

북한과의 관계개선을 위해 종전선언을 수용하자는 의견도 없지 않다. 북한 비핵화에 관한 일시적인 진전을 유도할 수 있고, 자위적 방위수단으로 핵무기를 개발할 수밖에 없었다는 북한의 핵무장 명분을 제거할 수 있다는 주장이다. 어쨌든 전쟁을 종식시킨다는 약속은 평화에 기여할 것이고, 한국에게는 북한의 군사적 도발 자제, 공격적 군사력 배치 조정 등을 요구할 명분이 커질 수 있다.

우파에서는 종전선언의 채택에 적극적으로 반대하고 있다. 종전선언은 평화보장 장치도 없는 선언이기 때문에 효과는 없으면서 평화협정과 유사하게 위험하기만 하다는 주장이다. 종전선언을 채

택하면 북한은 전쟁이 종식되었다는 명분으로 여전히 유엔군사령부 해체와 주한미군 철수를 주장할 것이라고 우려한다. 6.25전쟁이 종결되었다면서 6.25전쟁의 발발로 설치되었던 유엔군사령부를 해체해야 한다는 주장은 상당한 설득력을 가질 수 있기 때문이다. 또한 북한 비핵화의 촉진제가 될 수 있다는 옹호론자들의 주장은 근거가 없을 뿐만 아니라 북한은 종전선언으로 그들 주도의 통일을 위한 유리한 여건이 조성되었기 때문에 오히려 비핵화를 미룬 채 한미동맹을 균열시키면서 그들 주도의 통일을 추구할 가능성이 높다. 나아가 종전선언이 채택되면 한국 국민들의 대북 경각심은 더욱 약화될 것이고, 국가보안법 폐지, 반통일 또는 반평화세력 척결, 평화협정 체결 등의 구호가 제기될 것이며, 이를 둘러싸고 남한의 여론은 극심한 분열상을 보일 가능성이 높다.

북한이 정말 선의로 종전선언을 주장한다면 그의 채택은 남북관계 개선과 북한의 비핵화, 나아가 한반도 평화정착에 중요한 계기를 제공할 수 있다. 그러나 지금까지 북한이 구현해온 전략이나 행태를 통해 판단해볼 때 그와 같은 기대는 위험할 수 있다. 북한이 지금까지 약속한 것을 지킨 사례는 많지 않기 때문이다. 남한은 북한을 침략할 의도가 전혀 없기 때문에 북한만 평화에 필요한 조치들을 실천하면 한반도에 평화가 정착될 것인데, 굳이 종전선언을 하자는 저의를 의심하는 것은 당연하다. 국가안보는 한번 잘못되면 회복할 수 없다는 점에서 합리적이라면 종전선언의 기회보다는 위험에 주목해야 할 것이다. 언뜻 보기에 좋아 보일수록 숨겨둔 가시가 있는 법이다.

33
북한의 급변사태를 활용한 통일은 가능한가?

 # 1990년대 동구권 붕괴와 같은 급작스러운 변화의 북한 발생 가능성에 의해 급변사태 논의 시작

 # 지금까지의 경험으로 볼 때 급변사태는 발생 가능성도 낮지만, 발생해도 군대를 보내기 이전에는 통일로의 연결은 지난

 # 급변사태 시 중국 개입의 차단이 한국에게는 더욱 중요

 # 어떤 대가를 치르더라도 통일을 달성하겠다는 지도자의 의지가 중요

한국 국민들은 헌법과 '민족공동체 통일방안'에서 명시하고 있듯이 평화적 통일을 염원해왔지만, 좀처럼 희망이 보이지 않자 북한이 어떤 이유로 불안정해질 경우 통일로 연결시킬 수 있었으면 하는 기대를 갖게 되었다. 1994년 김일성이 사망하고 1995년 북한에 대홍수가 나자 1996년 주한미군사령부에서 북한의 붕괴 가능성을 제시했고, 한국 국민들은 1989년 루마니아에서 발생한 민중에 의한 차우

세스쿠(Nicolae Ceaușescu) 대통령 처형과 유사한 사건이 북한에서도 발생할 수 있다고 생각했다. 그 이후에도 2000년대 후반의 김정일 와병설, 2011년의 김정일 사망과 약관 김정은으로의 승계, 2013년 말의 장성택 처형 등으로 북한 내부가 불안해질 기미를 보일 때마다 한국에서는 북한에 '급변사태'가 발생할 가능성과 통일로의 연결 가능성을 논의하곤 했다.

전혀 배제할 수는 없지만, 지금까지 20년 이상 발생하지 않은 것으로 봐서 북한의 급변사태 가능성이 높다고 볼 수는 없다. 냉전 종식으로 발생한 민주적 변화가 상호작용할 정도로 개방 및 연결되어있었던 동구와 현재의 북한은 크게 다르다. 지금까지 북한에서는 의미 있는 민중봉기가 없었고, 김정은을 중심으로 한 지배계급의 강력한 공생관계를 고려할 때 군부 쿠데타의 가능성도 높지 않다.

북한에서 급변사태가 발생하더라도 군대를 비롯한 한국의 통제력이 북한에서 행사될 수 없다면 북한을 안정시키거나 통일로 연결시킬 방법은 없는데, 북한의 급변사태를 이유로 한국이 군대를 북한으로 보내는 것은 쉽지 않다. 남북한은 유엔에 가입한 별도의 국가여서 북한이 혼란하다는 이유로 한국이 군사적으로 개입한다면 유엔 헌장을 위반하게 된다. 유엔 헌장 제2조 제4항은 "모든 회원국은 국제관계에 있어 다른 국가의 영토 보전이나 정치적 독립에 반하거나 또는 국제연합의 목적과 양립할 수 없는 다른 어떠한 형태의 무력 위협 또는 무력행사를 삼간다"라고 규정하고 있다. 한국이 개입한다면 중국, 러시아, 일본, 미국 등 모든 국가들이 개입할 수 있

고, 개입의 용이성 측면에서는 중국이 가장 유리하다.

한국이 북한 지역으로 군대를 보낼 수 있는 조건은 유엔 안전보장이사회에서 결의하거나 북한 정부나 북한의 정부로 인정될 수 있는 어떤 단체가 한국의 개입을 요청하는 경우이다. 이 중에서 전자의 경우는 중국의 거부권으로 인해 어렵지만, 후자는 노력할 경우 가능성이 없지 않다. 김한솔을 중심으로 하는 망명단체 등이 결성되어 세력이 커질 경우 한국은 그 조직과 협력해 개입의 정당성을 확보할 수 있다.

그러나 더욱 중요한 것은 한국 국민 특히 지도자의 의지로서, 강력한 통일 의지가 필수적이다. 의지와 각오만 있다면 한국은 한반도 전체가 한국의 영토라는 헌법의 집행, 내란상태의 동족이 겪는 인도주의적 문제를 지원하겠다는 각오, 북한으로부터 발생할 수 있는 대량난민의 차단 또는 보호, 북한 핵무기의 안정된 통제 등 다양한 명분을 동원해 개입할 수 있다. 이때 한국 국민과 지도자는 이로 인해 발생하는 국제적이거나 국내적인 어떠한 후과도 감당하겠다는 자세를 가져야 한다. 미국을 비롯한 서방에서 강력한 대응조치를 경고했음에도 2014년 3월 러시아가 전광석화와 같이 주민투표를 실시해 크림반도를 자국의 일부로 편입하는 데 성공한 사례를 살펴볼 필요가 있다.

한국은 스스로의 개입보다 북한의 동맹국인 중국이 군사적으로 개입할 가능성을 더욱 우려하고 대비해야 할 필요성이 더욱 클 수 있다. 중국은 대량난민의 유입을 차단한다는 명분으로 북한에서 불안정 사태가 발생했을 경우 개입해 자신의 영향력을 지속하고자 시도할 것이기 때문이다. 중국은 북한의 급변사태 시 개입을 위한 부대도 지정 또는 준비해 훈련까지 실시하고 있다. 만약 중국군이 동맹조약을 명분으로 북한에 진주할 경우 한국은 중국과의 군사적 대결을 각오하지 않는 한 급변사태를 통일로 연결시킬 수 없다.

나가며

북핵 위협으로부터 어떻게 살아남을 것인가?

6

북한의 핵무기는 우리에게 엄청난 도전으로 다가오고 있고, 그 도전은 점점 더 심각해지고 있다. 수년 동안 안일하게 처리해온 부작용이 이제 드러나면서 한국은 점점 속수무책의 상황에 빠져들고 있다. 북한의 핵무기를 폐기할 수 있을 수도 있다는 소망을 바탕으로 남북관계를 개선하고, 미북 정상회담에 기대를 걸어보지만, 북한에게 기만당하고 있다는 좌절감은 점점 커지고 있다. 새삼 철저한 대비태세를 갖추기도 어려워 북한을 어떻게든 설득해보려 하지만, 그럴수록 북한은 점점 교만해지고 있다. 북핵 폐기는 "호수 속의 달"처럼 잡힐 듯하면서도 잡히지 않고, 멀리서 보면 희망이 있을 것 같지만 가까

이가면 또다시 멀어지는 현상이 반복되고 있다.

우리 모두의 인생도 그러하지만 아무리 상황이 악화되더라도 생존을 포기할 수는 없다. 지금까지 이룩해놓은 우리의 문화와 문명이 송두리째 사라지도록 놔둘 수는 없다. 어떻게든 용기를 내어 해결해야 한다. 아무리 암담한 현실이더라도 정신을 차려서 직시하고, 힘을 합쳐서 해결방법을 찾아내면 길이 있을 수도 있다. "하늘은 스스로 돕는 자를 돕는다"라는 말을 믿어야 한다. 노력하다 보면 북한도 변화하거나 실수할 수 있고, 예상치 않은 해결책이 찾아질 수도 있다. "내일 세계에 종말이 올지라도 나는 한 그루의 사과나무를 심겠다"라는 마음을 가져야 하고, 갖는 방법밖에 없다.

북핵 문제를 해결해 민족의 영속을 보장하고자 한다면 어려운 길을 선택해야 한다. 지금까지 우리는 대화와 협력을 통해 북한의 핵무기 포기를 유도한다는 쉬운 길을 선택하고자 했고, 그 결과 시간과 노력만 낭비한 채 문제를 악화시키고 말았다. 북한의 핵무기 보유를 방관, 심지어 지원해준 결과가 되었다. 쉬워 보이는 방법은 대부분 실속이 없다. 북한이 수소폭탄과 ICBM까지 개발한 현 상황에서는 더욱 쉬운 방법을 회피하고자 노력해야 한다. 우리에게는 어렵고 위험한 대안밖에 없다는 현실을 자각해야 한다. 아무리 많은 노력과 자금이 들더라도 이제는 북한의 핵 위협을 억제 및 방어하기 위한 실질적인 대책을 강구해나가는 수밖에 없다. 본능이 유혹하는 넓은 문으로 가지 말고, 이성이 강요하는 '좁은 문'으로 가야 한다.

미국을 중심으로 하는 국제사회가 해결해주기를 바라는 마음을 갖는 것도 충분히 이해할 수 있다. 북핵 문제는 너무나 심각하고, 우리 힘으로 해결이 가능하지도 않을 만큼 중대한 문제이기 때문이다. 먹고 살아가는 문제가 힘든 상황에서 핵 위협 대응에까지 신경을 쓸 겨를이 없다고 생각할 수도 있다. 실제로 미국이 나서서 포괄적이면서도 체계적인 경제제재를 가하고 있고, 북한의 핵무기를 폐기하기 위한 다양한 방안을 강구하고 있기도 하다. 그러나 당연히 미국은 자신의 국익을 최우선시할 것이고, 북핵도 그러한 방향으로 처리할 것이다. 우리가 미국에 북핵 처리를 미룸에 따라 북핵 문제에 관한 대한민국의 발언권과 안보 자결권은 줄어들고 있고, 한반도에서 유일한 정통정부로서의 위상도 낮아지고 있다. 미국과 북한이 대한민국의 운명을 좌우할 어떤 흥정을 해버릴까 봐 걱정하고 있다. 미국과 북한이 우리의 이익을 배려해가면서 북핵 폐기에 합의하도록 기도만 하고 있을 것인가? 그리고 잘못되면 미국을 믿은 것이 잘못이었다면서 비난하거나 후회할 것인가?

비록 힘이 들고 성공을 확신할 수도 없지만, 북핵 위협으로부터 우리를 지키려는 노력은 우리가 주도해야 한다. 미국의 핵전력과 외교적 영향력을 빌리더라도 우리의 전략과 계획을 가진 상태에서 그렇게 해야 한다. 그러면 자주적이라고 말할 수 있다. 그러나 미국에 무조건 맡기는 것은 의존적이고, 무책임하다. 도전에 주도적으로 응전하고, 문제를 주도해 해결하지 않으면 역사의 주체가 될 수 없다. 스스로가 쟁취한 부분보다 태평양 전쟁의 결과에 의해 독립이 주어졌기 때문에 그 이후 우리의 역사는 혼란스러웠고, 남북한이 분단되면서 오늘의 위기에 이르렀다. 6.25전쟁에서도 한국이 아닌 유엔군이 전쟁을 주도했기 때문에 아직도 우리는 외세들의 각축 결과에 의해 우리의 운명이 좌우되는 좌절감을 느껴야 한다. 비록 작은 나라지만 우리의 나라는 우리가 지킨다는 결기와 각오로 뭉친 상태에서, 어떤 어려운 상황도 스스로가 해결한다는 자세를 바탕으로 스스로가 노력할 때, 비로소 우리 중심의 역사를 써 나갈 수 있을 것이다. 우리가 필요로 하는 것은 변명이나 얄팍한 미사여구가 아니라 진정한 '용기'이고, 확고한 '단결'이다.

7

북핵 위협을 해결하는 데 대해 다양한 처방과 주문이 있을 수 있지만, 가장 기본적인 사항은 북한의 핵무기 사용을 억제하고, 억제가 실패했을 경우 그것을 선제타격해 파괴시키며, 그래도 공격해오는 핵미사일은 공중에서 요격하는 것이다. 이것은 핵대응에 관한 교과서에서 제시하고 있는 대응방안이다. 이제부터 우리는 교과서에 충실해 북핵 문제를 해결해나가야 한다. 우리는 억제, 선제타격, 탄도미사일 방어를 위한 계획을 수립하고, 그 계획을 구현할 수 있는 역량을 확충해나가야 한다. 그러한 역량의 구성에 필수적인 첨단의 무기체계들을 체계적이면서 집중적으로 확보해나가야 할 것이다. 북핵 폐기를 둘러싼 외교적 상황의 전개에 일희일비할 것이 아니라, 어떤 상황에서도 국가와 국민을 보호할 수 있는 억제, 선제타격, 탄도미사일 방어의 능력을 확보하는 데 국가의 모든 관심, 시간, 노력, 재원을 집중해야 한다. 이러한 기초 위에서 북한의 핵무기를 폐기시키기 위한 외교적 노력이 병행되어야 하고, 그러할 때 예상외의 좋은 결과를 경험하게 될 수도 있다.

북핵 위협이 강화될수록 한미동맹은 우리의 사활을 좌우하는 중요성을 갖게 된다. 핵무기를 갖지 못하고 있는 한국의 현 상황에서 미국의 핵무기 없이 북한의 핵무기 사용을 억제하거나 방어할 수 없기 때문이다. 한국 스스로의 억제, 선제타격, 탄도미사일 방어의 보강에도 미국의 지원은 긴요하다. 수십 년 동안 주한미군이 한반도에 주둔해오고 있고, 미국의 지원에 지금도 의존해야 한다는 사실이 우리의 자존심을 손상시키지만, 이 방법밖에 대안이 없는 것이 현실이다. 한미동맹을 활용해 우리 스스로의 억제, 선제타격, 탄도미사일 방어 역량을 충분히 구비할 수 있는 시간을 벌어야 한다. 미국에 일방적으로 맡기는 것이 아니라 우리의 주도적인 계획에 의해 한미동맹을 활용한다면 자주성을 포기한 것이 아니다.

자체적인 북핵 대응역량을 구비하고, 한미동맹을 통해 그를 위한 시간을 확보하면서 이제 우리는 총력안보태세를 다시 한번 강화해야 한다. 냉전시대의 열세한 상황에서도 한국은 철저한 총력안보태세를 확립해 위기를 극복했고, '한강의 기적'이라고 일컫는 경제적 성장까지 이룩했다. 예비군을 창설해 우리의 향토는 우리가 지키고자 했고, 민방위를 통해 유사시 국민들의 피해를 최소화하는 체제를 구축했다. 이제 대한민국의 국민 모두는 북한의 핵무기로부터

나, 나의 가족, 나의 직장, 나의 고향을 수호하기 위한 노력에 매진하고, 정부는 그러한 국민적 역량을 효과적으로 결집하는 역할을 수행해야 한다. 총력안보태세를 강화해 단군 이래 가장 심각할 수도 있는 현 북핵 위기를 극복해나가야 한다. 제2차 세계대전 시 영국의 처칠(Winston Churchill) 수상이 말한 것처럼 우리 모두가 '피와 땀과 눈물'을 각오해야 한다.

현재의 북핵 위협은 우리 민족의 집단지성을 시험하고 있다. 우리 모두가 지혜를 모아서 현 위기를 잘 극복한다면 우리의 집단지성이 높은 수준임을 입증하게 될 것이다. 그러나 그렇지 못한다면 우리의 집단지성은 문제가 있음이 드러날 것이다. 드리블 재주가 아무리 좋더라도 골을 넣지 못하면 훌륭한 축구선수라고 말할 수 없다. 우리 민족의 지적 역량이 아무리 우수한 것으로 평가받고 있다고 하더라도 이 북핵 문제를 제대로 해결하지 못하면 허풍이 될 뿐이다. 우리 모두의 지혜를 모아서 북핵 해결을 위한 더욱 창의적이고, 더욱 체계적이면서, 더욱 일관성 있는 전략을 개발하고, 이를 무실역행(務實力行)으로 구현해나감으로써 위기를 극복해야 한다. 우리의 엘리트들은 현재 상황에서 한국이 어떤 국가안보전략을 구사해야 하고, 한국군은 어떤 군사전략을 정립해 실천해야 할 것인가를 토론하고 결정해 시행할 수 있어야 한다. 국가의 위기를 슬기롭게 해결할 수 있는 지략을 제시하지 못한다면 진정한 엘리트라고 할 수 없다.

어떤 상황에서도 북한 핵문제 해결을 위해 가장 중요한 요소는 국민들의 용기이다. 전쟁은 결국 국가 또는 국민들 간 의지의 충돌이고, 그러한 의지의 충돌에서 승리하기 위해서는 결연함이 있어야 하며, 그 결연함을 가능하도록 하는 것이 용기이기 때문이다. 지도자들은 어떤 어려움 속에서도 굴하지 않는 용기를 가져야 하고, 필요한 상황에서는 국민들에게 희생도 요구할 줄 알아야 하며, 국가에 대한 한없는 충성심을 가져야 한다. 사회의 각 분야에서 지도적인 위치에 있는 사람들은 그들의 지위, 권위, 역량을 최대한 발휘해 현재의 북핵 위기 해결에 참여해야 한다. 국민들은 지도자들을 신뢰하면서 그들이 요구하는 희생을 감내할 수 있어야 한다. 국가를 위해 헌신 및 희생한 사람들을 존경하고, 나도 그렇게 되도록 노력하며, 자식들에게도 그렇게 교육해야 한다. '용기'가 국민적 덕목이 되는 만큼 국가는 점점 안전해질 것이다.

8

이제 우리 모두는 스스로에게 다음 사항을 자문해봐야 한다. 과연 나의 존재가 내가 속한 공동체, 즉 우리의 국가와 민족에 '+'인가 아니면 '−'인가이다. 내가 하고 있는 일이 우리 국가와 민족을 발전시키는 쪽으로 작용하고 있는가, 아니면 퇴보시키는 쪽으로 작용하고 있는가? 우리 국가와 민족이 직면하고 있는 현재의 도전, 즉 북핵 위협을 해결함에 있어서 내가 어떤 기여를 하고 있는가? 남에게만 해결을 주문한 채 방관하거나 비판만 하고 있는 것은 아닌가? 이러한 질문에 대해 스스로 잘못된 점이 있다고 평가한다면 고쳐야 한다.

다른 사람들의 희생과 헌신에 기생해서는 곤란한 것 아닌가?

나의 안전이나 편안보다 자식과 손자들의 그것을 더욱 걱정하고, 보장해주고자 노력할 필요가 있다. 그들은 우리를 전적으로 신뢰하면서 미래 대한민국의 동량이 되고자 열심히 공부하고, 열심히 일하고 있다. 어른이라면 이들에게 더욱 안전한 나라를 물려줘야 하지 않겠는가? 지금 우리가 다소 어렵고 힘들더라도 그들의 시대에는 그렇지 않도록 해주겠다는 생각을 가져야 한다. 자식과 손자들에게까지 영향이 가지 않도록 현재의 위기는 우리 세대가 고통과 희생을 감내하면서 해결해버려야 한다. 나는 자식들의 위기를, 자식들은 손자들의 위기를, 손자들은 증손자들의 위기를 사전에 극복해준다는 자세를 가진다면 우리 민족은 자동적으로 영속하게 된다.

우리 모두 현재의 북핵 위기로부터 우리나라와 우리 국민들이 안전해지기를 원한다면 작은 일, 가능한 일부터 시작해야 한다. 북핵 위협을 정확하게 인식하는 것이 그 시작일 것이다. 북핵 문제의 해결이 쉽지 않다는 점을 이해하기만 해도 북핵 해결에 알게 모르게 기여할 것이다. 동료들과 북핵 문제를 활발하게 토론하는 것도 유용할 것이다. 이러한 활동들은 북핵에 관한 건전한 국민여론으로 표출될 것이고, 정부와 군대로 하여금 철저한 대비책을 강구하도록 만들 것이다. 국민 각자가 핵무기 위협을 둘러싼 현실을 정확하게 아는 것이 모든 북핵 대응조치의 기초이다.

'평화'라는 단어에만 집착하는 사람들에게 부탁하고자 한다.

평화의 중요성과 필요성을 모르는 사람은 없다. 제발 '평화'라는 구호 대신에 평화를 달성할 수 있는 구체적인 대안을 제시하라. 여러분들의 자식과 손자를 확실하게 지킬 수 있는 보편적인 방책을 주장하라. 그렇지 않은 평화의 구호는 혹세무민(惑世誣民)의 선전선동이고, 국가의 안전을 위한 진정한 노력을 방해할 뿐이다. "평화를 원하거든 전쟁을 준비하라"라는 오래된 경구가 요즘처럼 절실한 시기가 없다.

나 외에 다른 국민들이 무엇을 어떻게 했으면 좋겠다고 생각하는가? 그것을 다른 사람에게 주문하지 말고, 내가 해야 한다. 우리 모두가 이러한 태도를 갖는 것이야말로 북핵 위협이라는 민족사의 엄청난 도전을 극복하는 유일한 길이다.